前 瞻 性 · 理 论 性 · 实 践 性 · 服 务 性 · 可 读 性

城市治理

Urban Governance

城市管理行政执法精细化

於强海 主编

河海大学出版社
HOHAI UNIVERSITY PRESS
· 南京 ·

图书在版编目（C I P）数据

城市治理：城市管理行政执法精细化 / 於强海主编
. -- 南京：河海大学出版社，2020.7
ISBN 978-7-5630-6345-1

Ⅰ. ①城… Ⅱ. ①於… Ⅲ. ①城市管理－行政执法－研究－南京 Ⅳ. ① D927.531.229.74

中国版本图书馆 CIP 数据核字 (2020) 第 121994 号

书　　名　城市治理——城市管理行政执法精细化
CHENGSHI ZHILI
—— CHENGSHI GUANLI XINGZHENG ZHIFA JINGXIHUA
书　　号　ISBN978-7-5630-6345-1
责任编辑　毛积孝
特约编辑　王诗瑶　　赵联宁
责任校对　齐　岩
装帧设计　俞　朋
出版发行　河海大学出版社
地　　址　南京市西康路 1 号（邮编：210098）
电　　话　（025）83786678（总编室）（025）83722833（营销部）
网　　址　http://www.hhup.com
印　　刷　南京华众彩色印刷有限公司
开　　本　880 毫米 ×1 230 毫米　1/16
印　　张　4.25
字　　数　185 千字
版　　次　2020 年 7 月第 1 版
印　　次　2020 年 7 月第 1 次印刷
定　　价　35.00 元

城市治理需要开启法治城管新征程

文/任丹

城市管理作为中国城市现代化进程的一支行政力量，是国家治理体系中的中坚力量，是中国之治的显著代表。随着愈多年轻血液的输入，城管队伍也愈加科技化、专业化、正规化。从通过定人定岗的人海战术到现在利用高科技，依托视频监控、GPS 精准定位、网络系统，实现 24 小时全方位、多层次的在线管理；从瞻前顾后、执法不严到雷厉风行、规范执法；从模棱两可、饱受诟病到权责明晰、恪尽职守……审时度势，精进服务，优化制度，开启法治城管新征程，才不负时代和人民的重托！

如今执法内容由单一市容环卫执法向综合执法转变。南京城管细化了自由裁量权、整合了管理资源、扩大了管理覆盖面，积基树本，夙兴夜寐，守护人民的安康。管理方式由突击性整治向规范化法治转变。积极开展“法治城管论坛”“法治大讲堂”，并诚邀专家教授授课，培养了全体执法人员的法治思维。足履实地，砥身砺行，提升自我能力；始终坚持民生为先，诠释法治城管新内涵，转变服务创新理念，加大服务力度。由“管理型”向“服务型”转变，从“管理城市”变为“服务市民”，推出全社会参与的“大城管”举措，不断探索城市管理的新方法、新路径、新制度，形成了强大的社会合力、提高了群众积极性、优化了城市管理新制度。

随着城管执法体制改革的不断深入，在全国范围内统一了执法服装和标志标识，藏青色的外套，是不变的威严正义；天蓝色的衬衫，是坚守的明朗与干练；人字飘带、盾牌、牡丹花、橄榄枝组成的金色标识，是满腔的家国情怀。还记得统一换装的那一刻，信任与尊重，如雨露般浸润心田，如火焰般点燃激情，更如警钟般鞭策城管人笃定前行。

还记得让南京成为网红的一夜雪无吗？那并非魔法，而是城管人凝心聚力的体现，是浴“雪”奋战的结果，是中国之治的力量！如今面对新冠病毒，防疫抗疫一线到处可见城管人争分夺秒、不知疲倦的身影。正是这支精益求精、雷厉风行、严于律己的城管法治队伍，得以在面对挑战之际，思路清晰、服务规范、效果显著。

而今，当置身于高质量发展的“大棋局”，行至高水平全面建成小康社会和“十三五”规划的“赛末点”，展望伟大复兴的中国梦之时，数十载的磨砺定将为未来输入安稳的定力、磅礴的动力、优秀的能力！国家的复兴之梦，时代的日新月异，人民的殷殷期望，冲锋的号角已然吹响，城管人已经铆足劲，发全力，勇攀登，“撸起袖子加油干”！笃坚定信念，优城市管理，绘时代蓝图，把爱国情、强国志、报国行自觉融入各自的本职工作中，灌注于实现梦想的奋斗中，一步一个脚印朝着既定目标勇毅前行，向人民交好“强富美高”新答卷，礼赞祖国跟党走！

（作者单位：南京市六合区城市管理局）

目录 CONTENTS

重点关注

理论研究

观察思考

舆情聚焦

法苑指南

动态扫描

城市治理 Urban Governance

本书承全国政策科学研究会指导

编者按：“城，所以盛民也。”习总书记说：城市管理应该像绣花一样精细。认真贯彻落实习总书记关于城市管理系列讲话精神，切实解决综合行政执法工作中的难题，必须加快提升城市精细化管理水平，进一步将精细化管理工作落小、落细、落实、落地。

以大数据技术推动行政执法精细化是政府社会治理精细化发展的必然趋势。但行政执法精细化应以规范化为前提，致力于解决 " 粗放式 " 执法流弊。从行政执法精细化的实践面向而言，大数据技术可应用于行政执法权限配置、行政执法权力运行及监督等领域，促进行政执法裁量的趋标准化以及行政执法参与主体的多元化。下足“绣花”功夫，在细节上追求尽善尽美，才能让城市运行更有序、更安全，也才能让城市空间更亮丽、更温馨。

规范铸就形象 创新成就品牌

——“南京城管执法规范化”的实践之路

文 /《南京城市治理》课题组

一场突如其来的新冠肺炎疫情，更进一步凸显了城市治理体系和治理能力现代化的重要性。

2020 年 3 月 10 日，中共中央总书记、国家主席、中央军委主席习近平专门赴湖北省武汉市考察新冠肺炎疫情防控工作。习近平指出，这次新冠肺炎疫情防控，是对治理体系和治理能力的一次大考，既有经验，也有教训。要放眼长远，总结经验教训，加快补齐治理体系的短板和弱项，为保障人民生命安全和身体健康筑牢制度防线。要着力完善城市治理体系和城乡基层治理体系，树立“全周期管理”意识，努力探索超大城市现代化治理新路子。

在探索超大城市现代化治理新路子的过程中，南京近年来先行先试，在城管执法领域开展了规范化的创新探索，取得了令人瞩目的成绩，受到了各方的充分肯定。他们是如何探索规范化、创出新品牌的，取得了哪些实践成绩？带着这些问题，我们对南京城管执法规范化工作进行了专题调研。

抗击疫情，践行南京城管队伍规范化

疾风知劲草，板荡识忠贞。

南京城管执法队伍规范化建设创新探索已经开展了 5 年，从装备、形象到

体制机制，以及整个执法环境，都已经发生了脱胎换骨的明显变化。重大事件（重要活动）的保障往往是检验一支队伍战斗力、凝聚力、向心力的重要窗口。2017 年、2018 年，在连续 2 年全市扫雪防冻的应急保障战斗中，南京城管执法队伍顶风逆行、冲在一线，创造了“一夜雪无”的奇迹，赢得了市民群众的肯定，受到了全国舆论的关注和赞誉。这也从一个侧面，反映出南京城管执法队伍开展规范化创新实践的突出成果。

为了观察和见识这场改革创新的细节和实效，我们以南京城管执法队伍 2020 年春天在应对新冠肺炎疫情的表现和作为为例，管窥其改革创新的实践方式和成果。

2020 年 1 月下旬，新冠肺炎疫情在湖北武汉集中爆发。南京市城市管理综合行政执法总队见识早、行动快，迅速根据疫情形势发展和防控需要，采取了一系列规范化举措，主要有：

——迅速制定新冠肺炎疫情防控工

作方案。方案明确了工作的重点，组建了工作指挥部，搭建了工作班子，明确了具体工作架构和责任分工。方案还明确了巡查整治、重点整治、常态整治和问题销账四个阶段的具体任务，确立了包括双反馈机制、首问责任制在内的信息制度，并对全市城管执法队伍提出了六个方面的工作要求：提高站位，履行政治责任；高度重视，强化组织领导；落实关怀，强化安全防护；顾全大局，强化舆论引导；聚焦民生，强化工作责任；在岗在位，强化值班值守。

——严格制定并实施疫情防控“五不准，六必须”规范。具体内容包括：五不准。不准瞒报、漏报、迟报和错报、谎报相关疫情信息；不准违反规定要求干部职工带病到岗；不准在无防护状态下聚集；不准推诿塞责，脱岗、串岗；不准无防护状态下参与行政执法工作。六必须。必须落实单位内部防控责任；必须落实进门测量体温登记放行措施；必须落实每日疫情防控报告制度；必须落实每日办公区、车辆规范消杀制度；必须落实所有人员自我防护措施；必须落实防风险、护安全、保稳定的各项工作。

——下发城管执法队伍疫情防控指导意见。意见要求全市各级城管执法队伍在执法、办公、为民服务过程中，严格做好自身防护工作，扎实做好防风险、护安全、战疫情、保稳定的各项工作。意见对执法队伍在公共（工作）场所防控、执法服务中防控和个人防护的具体行为进行了严格、详细、具体的规定。其中甚至细化到执法队员如何正确洗手、配戴口罩等。

——搭建新冠肺炎疫情防控工作视频会议平台。为切实做好新冠肺炎疫情防控工作，总队自2020年2月10日起，利用与移动公司合作搭建的网络视频会议系统，每日下午召开疫情防控工作动态通报会。为进一步发挥总队在全市城管执法队伍疫情防控工作中的牵头作用，做好疫情防控重要精神传达和重要情况通报，以及各项城管执法业务工作部署等，总队决定将各单位纳入总队视频会议系统，以此达到既高效有序开展工作，又有效落实疫情防控要求的目的。

在这次新冠肺炎疫情防控期间，全市各级城管执法队伍始终工作和战斗在抗疫情、保民生的第一线，为南京夺取疫情防控和经济社会发展“双胜利”做出了突出贡献，受到了上级领导和社会各界的充分肯定。截至3月下旬，整个队伍也创造和保持了零感染、零减员的纪录。

六项工程，创出城管执法新路子

创新是南京城市发展的亮丽品牌，也是城市管理工作的永恒主题。

在住房和城乡建设部、省市党委政府的正确领导下，南京城管以人民为中心，坚持“城市管理应该像绣花一样精细”，践行“721”工作法，实施“强转树”专项行动，围绕建设“创新名城、美丽古都”，在全国率先提出了城管执法队伍“规范化、制度化、标准化、正规化”建设要求，持续探索推进南京城市管理执法“六大规范工程”，队伍“四化”建设水平不断进步，城市管理发展动能持续增强，城市功能品质显著提升。

第一，推进队伍建设规范化，精准构建标准体系。

新时代如何抓队伍、建队伍、带队

伍，关系到为人民服务的落地生根，关系到城市管理的品质温度，关系到城市战略部署的目标实现。为此，南京城管执法大队制定标准抓队伍、形成体系建队伍、凝聚合力带队伍。具体内容包括：

坚持从源头抓规范，制定出台了《南京市城市管理执法队伍建设规范》等233项制度规范；联合市财政局下发《南京城市执法人员及装备保障标准》，明确了装备配置标准。

全市队伍统一功能规划、标志标识、规范制度、工作台账；在全市对大队、中队的办公场所明确了分级建设标准；列出规范化中队创建7条刚性条件，基层中队成为展示城管队伍文明执法、服务社会的“窗口”和“品牌”。

首创性地将城管执法队伍规范化创建任务纳入2017年“市对区经济社会发展考核体系”“市容长效管理考核”和“城市精细化建设管理十项行动”中，明确了2017—2018年2年内“全市城管执法大队、中队规范化建设必须全部创建达标”的目标任务，纳入“大城管”千分制考核，市领导亲自推进督查。截至2018年底，全市11个区大队、110个街道中队均达到队伍规范化建设标准。

第二，推进教育培训规范化，精心组织提升队伍素质。

一流的队伍，离不开一流的培训。南京城管规范为先、对标看齐，依托全员普训等8种标准化培训模式，先后组织开展了70场次培训，参训人数达1.7万多人次。

培训内容目标化。按照“全、新、专”的要求设置，“全”就是教育培训涵盖党建、法制、业务、宣传、科技、拓展等方面；“新”就是培训解决新问题，

探索新办法，取得新成效；“专”就是注重以“城市管理、法律法规、科技信息、群众工作、心理干预”等方面为重点。

培训人员系统化。设置指挥协调中心业务培训，提高了参训人员指挥调度能力；设置综合执法业务培训，全面掌握市政、园林、排水等专项执法知识；设置案件处理培训，优化办案流程和水平；设置法制人员培训，提升法律素养和法务水平。

培训模式多样化。开展全员普训，组织开展全市城管执法队伍技能大赛活动，获得第一名的执法干部，由市总工会颁发“五一劳动奖章”，前三十名执法干部由团市委授予“优秀青年”称号；细化专项联训，由“套餐”变“点餐”；推进实操演训，拍摄《规范化执法教学片》，为基层提供可操作的执法指引；实施驻点培训，派驻干部了解基层“堵点”“痛点”“难点”；引入对口互训，选派市、区执法干部到先进城市对口交流学习；加强跟班驻训，以“结对子”“一加一”“师父带徒弟”等教学方式，达到“全办案、办全案”；拓展平台网训，把网上培训的重心从基地覆盖到基层一线；创新心理干预人才培训，指导各级城管执法队伍成立心理服务站。

第三，推进科技信息规范化，精靓运用执法平台。

南京城管坚持“用信息化手段管控队伍，提高执法效能”的建设理念，有序推进城市管理指挥系统平台化、执法勤务网络化、工作流程科技化、区域管控智能化，实现了市、区、街三级“联调联试，统一指挥”。

构建执法信息平台。以市局指挥中心为总，11个区和市城管执法总队行政执法调度中心12个指挥中心为辅，形成市、区、街三级网络联通的格局，实现实时监控、可视调度、及时处理、管理精细、标准处罚的工作模式；开发建设“城管执法精靓系统”，集成了“电子网格、电子围栏、电子考勤、智能语音、任务交办、一键求助”等科技手段，通过划定电子区域、设置警示程序、掌握出勤效能，实施城市管理精准调度。

加大全域数据融合。量身定制“数字城管”，在包含9个基础应用子系统基础上，增加拓展多个子系统；引入无人机，全面参与重大保障、执法巡查、应急处置等各类全过程记录。导入公安视频监控系统和市区街管理数据，形成了南京市特有城管执法大数据系统，实现城市治理真正意义上的融合。

实现科学决策指挥。通过南京青奥会等重大保障措施，探索固化“定网巡查守点、机动巡查控线、视频监控管理面”的执法勤务模式；市城管执法总队配套购置了7辆具有4G图传、视频会议等功能的大型网格化巡查执法车，负责在各区范围开展巡查；在各区主干道、路段设有198个市级管控定岗点，“市管岗”单兵配置4G图传手持终端操作，确保周边“市容环境可看、执法人员可调、违章现象可控”；通过建立覆盖全市的网格化管理格局，对突发事件和城市管理热点、难点问题的处置能力显著提升。2017年、2018年，南京连续遭遇大雪暴雪，南京城管依托科学决策，精心调度指挥，全市上下以雪为令、彻夜奋战，在全国持续打响了“一夜雪无”的南京品牌。

第四，推进自由裁量规范化，精确铸就阳光执法。

在城市管理执法过程中，对违法行为同城不同罚、同事不同罚、同质不同罚等“三同三不”问题，南京城管深度运用互联网+大数据，探索信息化时代“阳光执法”新模式。

明确权责清单。对市容环卫、园林绿化、市政设施、违法建设、户外广告、工程渣土、违法排水等常见违法行为，逐条明确行政执法权力事项，编印下发了《行政执法权力事项内部实用参考手册》，确保执法全过程“有责不落空、有权不任性”。

统一工作标准。对照行政执法权力

事项，编制《自由裁量权基准》；对现有100余部与城市管理执法有关的法律法规进行梳理，完成了城市管理执法事项的全市统一工作，理清了执法边界；设定执法标准78项、处罚分类六大类，强化对执法办案的标准化管理和全流程控制，规范裁量标准、范围、种类、幅度。

系统有序推进。把科学执行“自由裁量权”，作为城市管理执法重中之重。办案人员前期录入系统的案件要素不得修改、不能撤销，且办案流程不可逆；进入案件审理和自由裁量阶段，通过“自由裁量权模块”的“违法地点、违法情节、影响程度”三要素大数据分析，依法依规自动生成案件的处罚范围或处罚额度，真正做到了城市管理执法行政处罚“罚不罚、罚多少，系统说了算”，既降低了廉政风险，又提高了执法效能，更提升了城市管理执法公信力。

“自由裁量权规则”网上运行以来，南京城管以此为抓手规范办案，阳光运行，全市城管执法行政处罚连续四年“零错案、零败诉、零撤销”，作风建设满意率持续提升，社会认可度稳步提高，城市共治共享氛围日趋浓厚。住建部编发专题简报，在全国城管系统予以推广。

第五，推进心理干预规范化，精心营造共治氛围。

心理干预工作是城管执法水平再提升的有效抓手。南京城管聚焦问题，精准施策，用“主动干预”提升心理“软环境”，营造城市管理执法“共建共治共享”的良好氛围。

开展心理干预研究。南京城管于2016年成立了“城管执法队伍心理危机干预中心”，与大学研究机构合作开展心理干预工作；历经3年完成了15万字的《行政执法心理管控手册》，利用心理学知识系统提升一线执法人员情绪管理能力和现场执法技巧。

组建心理干预队伍。在全市队伍中挑选36名同志组建市级心理干预骨干队伍，定期组织专业培训；以市级骨干队伍为核心成立由154名同志组成的市、区、街三级心理危机干预队伍，并采取送教上门的方式对各区执法人员进行心理干预培训，进一步巩固、完善了市、区、街三级心理干预工作机制。

推动心理干预实践。与市总工会合作，建立区级大队心理健康教育服务站，为心理干预工作有效开展提供坚实的硬件保障；通过3年的努力，为一线执法人员建立了畅通的情绪纾解渠道，及时化解了来自工作、生活各方面的压力；促进一线执法人员运用心理干预成果，提升规范执法的综合能力。

第六，推进宣传工作规范化，精彩讲好城管故事。

围绕城市管理中心工作，我们抓先机、抢先手、发先声，讲好城管故事，营造了“越了解，越理解，越支持”的良好氛围。

引领传播，提升引导舆论的保障能力。和电视台合作开辟专题栏目《城管行》，每日一档，侧重曝光；结合中心工作，在报纸建立专版，介绍城管重点工作；运用新媒体，从网站论坛到微博微信，及时推送城管动态信息；建立从总队到大队、中队的“四赛四评”微信工作群（即“赛政治思想，评素质过硬；赛宣传报道，评开拓创新；赛队容风纪，评遵规守纪；赛业务工作，评务实高效”），全面掌握一线实际，深度发现典型素材。

走进媒体，做“架天线、接地气、最亲民”的城管人。南京城管走进媒体，

直面城管执法焦点、热点，对话专家学者和市民代表，共商共治共赢；开展“观摩执法”“城管体验日”，特邀城治委公众委员、城市治理志愿者及市民代表全程参与城管日常执法工作，现场听取意见建议；“城管清风杯”系列微电影年度大赛，全市城管执法队伍自编自导自演各类原创微电影48部（集）；开通“执法先锋”微信公众号，推出“我为城管代言”“南京城管执法先锋”等网络评选活动。

形成品牌，实现服务水平与宣传效应的双提升。开创性地打造了一批“现象级”的宣传案例。2016年，联合“荔枝网”“零距离”“网易”“南报网”等网络主流媒体，全国首创、四网联播南京城管执法“2016靓城行动”，活动当日在线参与人数过百万人，被南京市委宣传部、市委网信办评为“南京十佳网络直播范例奖”。2017年，通过9家全国及省市权威媒体，对南京城管换装进行8小时直播，微博话题阅读量超过3000万次，获得南京市委宣传部颁发的“年度创新传播案例”奖。2018年，南京城管十九网直播垃圾分类执法“靓城行动”，线上互动人次超千万次，获得网易中国“城市正能量奖”和南京市委宣传部、市委网信办授予的“政务新媒体案例奖”。

规范铸就形象，创新成就未来。规范化建设是一支队伍走向成熟的标志，是实力的象征，是自信的体现，更是驰而不息的追求。5年的实践，六大规范的形成，为南京城管执法队伍高质量发展提供了“硬核动力”，南京城管执法队伍也将围绕队伍规范化建设成果转化，按照“一个目标、两个提升、三个一切、四个特别、五个统一、六大规范”的高质量发展纲要，继续栉风沐雨、砥砺前行，顺大势谋新为，新征程再出发，着力在南京城管执法队伍“建设标准化、运行规范化、效能绩效化、管理正规化”等方面有新的突破。相信在省委省政府、市委市政府和市城管局正确领导下，一定能够继续深化和提高城管队伍规范化建设水平，切实树立起新时代全国城管执法队伍的品牌形象，努力为建设“创新名城，美丽古都”做出新的更大贡献！

规范化：城市治理现代化的基础工程

——“南京城管执法规范化”的探索和思考

文 / 南京市城市管理综合行政执法总队

城管执法是城市治理的重要领域，而强化城市治理又是推进国家治理体系和治理能力现代化的重要一环。尤其是对于南京这样的省会城市、中心城市和特大城市，做好城市执法工作，事关城市健康发展、民生持续改善，事关实现全面建成小康社会、顺利开启基本实现现代化的新征程。

“没有规矩，不成方圆。”近年来，南京城管执法部门认真学习领会习近平新时代中国特色社会主义思想，深入落实总书记提出的新发展理念，全面贯彻中央城市工作会议精神和上级的各项部署要求，在城管执法规范化方面做出了一些创新探索，积累了一些实践经验。在党的十九届四中全会提出全面推进国家治理体系和治理能力现代化的时代背景下，以全新视角审视过去几年南京城管执法的探索实践，在新形势下不断强化城市治理、提高治理能力，已经成为我们做好当前和今后工作的一大重要课题。

“城管执法规范化”的提出背景

首先，“南京城管执法规范化”的提出，应对城市快速发展的需要。

改革开放以来，我国城市发展进入快车道，城市面貌日新月异、城市实力大为增强，功能结构日益复杂。中国城市化的速度和力度，即便放在世界城市发展史上来看，都是值得大书特书的一页。而从城市自身来说，从传统城市迈向现代城市，必然也会带来一系列考验和挑战。而在这些考验和挑战中，城市治理理念的更新、治理手段的升级，更加必不可少。

以我们所在城市为例，经过40年来的发展，南京城市建成区面积已经从当初明城墙范围内的50多平方公里，迅速增至现在的大约800平方公里，城镇化率超过了百分之八十，并且这一增长势头还在延续。现在的南京，已经从当初的秦淮河时代，走向了扬子江时代。放在全省、全国范围内来看，南京的地位同样举足轻重：万亿GDP城市、东部地区中心城市、长三角特大城市……尤其是在长三角一体化建设中，南京作为重要的支点城市，承担起更多的示范、带动和辐射周边地区发展的重任，迫切需要在城市发展的各个方面提升首位度。

城市大发展，必然要求城市管理与时俱进、同步跟上。应当承认，从总体上说，过去几十年大多数中国城市都处于粗放发展阶段，在集约发展、内涵提升方面亟须补课。反映在城市管理上，集中体现为四个方面的“跟不上”：管理理念跟不上，许多时候还停留在过去那种简单、静态、单向的“管制思维”；管理制度跟不上，粗枝大叶、大而化之的执法比较普遍，“运动式执法”不时出现，城市的常态、长效管理很难实现；管理手段跟不上，现代化的技术手段还没有充分运用到执法实践中来；队伍建设跟不上，城管执法人员的自身素质、整体水平以及软硬件保障能力都不符合现代化大城市管理的实际需要。

城市快速发展和城市管理能力滞后的矛盾，不仅直接制约了城市内涵式、集约式发展的进程，影响到城市综合实力和竞争力的提升，也反映在社会各方对城管工作的评价和认同上。前些年，包括南京在内，不少地方的城管工作、城管人员被“污名化”，城管执法受到了相当大的影响和干扰。其中一个重要原因，就是执法工作的方方面面都有欠规范的地方。不规范，当然就容易受误解。作为东部发达地区的重要中心城市、全省的省会城市和长三角特大城市，南京有责任、有义务在城市管理方面创新理念和思路，在推进规范化、实现精细化方面做先行者、探路者，为兄弟城市和同行积累经验、做出示范。

再者，“南京城管执法规范化”的提出，也是巩固城市管理成果的需要。

在南京城市发展史上，2014年是一个重要年份。这一年，南京作为第二届青年奥林匹克运动会举办城市，代表中国在世界亮相；这一年，南京作为首次国家公祭仪式的主场，受到广泛关注。为了保障两大活动成功举办，南京全市上下进行了长达数年的认真准备。这其中，很重要的一个方面就是城市管理方面的保障。在市委市政府的统一部署下，南京城管队伍全面出动，对影响城市环境、面貌和民生幸福的诸多问题进行了大力整治、有效整改，为两大活动的顺利、成功举办做出了应有的突出贡献。南京焕然一新的城市面貌、高效有序的城市运行，给海内外人士留下了深刻印象。

随着“后青奥时代”的来临，南京城市如何建设和发展的矛盾愈显突出。为了巩固成果，固化模式，将“战时”应急管理模式转换为“平时”常态长效治理模式，南京城管部门及时分析新形势、新问题，对前期城管工作实践进行了认真梳理和评估，择其善者而从之、其不善者而改之，对于管理中的薄弱环节、领域，着重补短板、强弱项，大力提升南京城管执法的水平和效能，为实现“创新名城、美丽古都”的城市愿景、建设“强富美高”的新南京做好保障。

“城管执法规范化”的实践内涵

城市管理作为一个系统工程，包含着多个子系统，城管执法就是其中重要的一项。而构成城管执法这个子系统的关键要素，主要有四个：人员队伍、技术装备、管理制度和公共关系。以系统论的观点视之，只有我们从整体出发来研究系统整体和组成系统整体各要素的相互关系，从本质上说明其结构、功能、行为和动态，才能把握系统整体，达到最优的目标。

南京城管执法规范化的实质，就是以系统论为指导，重点研究这四个关键因素之间的关系，调整和解决它们之间存在的内部矛盾，实现城管执法这个系统本身的整体优化和效能提升。

2014年以来，在住建部、省市党委政府的正确领导下，南京城管以落实《中共中央国务院关于深入推进城市执法体制改革改进城市管理工作的指导意见》为总纲，牢记“城市管理应该像绣花一样精细”宗旨理念，积极开展“强转树”专项行动，认真践行“721”工作法，持续探索推进南京城市管理规范化执法“六大工程”，探索形成了一套符合新时代发展要求的、具有南京特色的、可复制可推广的城市管理执法工作规范化标准。

紧扣“四大要素”，近年来我们展开了城管执法规范化的实践探索：

——在人员队伍方面，我们重点开展和实施了队伍建设规范化、教育培训规范化和心理干预规范化三个方面的工作，着重解决人的素质提升、队伍的整体水平提升问题。多年前，城管队伍给人的印象往往是着装不统一、装备不正规，不像一支正规军。在解决了着装和装备的问题后，如何基于“人”的素质提升开展工作，让队伍的整体实力有一个明显的提高，更显紧迫和重要。在很大程度上，城管执法的形象、水平、效果都取决于“人”，“人”的规范化成为城管执法队伍战斗力提升的核心要求。没有“人”的素质提升、队伍整体素养的提高，光靠装备和硬件的升级换代，还是无法践行城管执法的使命的。

为此，我们持续深入开展了规范化大队、中队创建活动，着重在组织建设、行政执法、队伍管理和执法保障四大方面进行规范，制定各类工作制度规范200多项，开展星级指挥协调中心、案件处理中心创建活动，对市、区、街在执行日常管控、应急保障、专项整治、“全办案，办全案”等方面的执法效能进行考核评定，全市13个大队、113个基层中队均达到队伍规范化建设标准；我们瞄准短板，按需施训，逐步形成全员普训、专项联训、实操演训、驻点培训、对口互训、跟班驻训、平台网训、心理干预人才培训八类标准化培训模式，先后组织开展了近百场次全方位、多维度、新形式的培训；我们还在2016年成立了“城管执法队伍心理危机干预中心”，与大学研究机构合作开展心理干预工作，编写了《南京市城市管理行政执法队伍心理管控手册》，组建了市、区、街三级心理干预队伍。

——在技术装备方面，我们重点开展和实施了科技信息规范化，着重解决队伍的装备水平、信息化水平不足的问题。在南京这样一个快速发展和嬗变的城市中，城管执法对象多元、区域广大、事务庞杂，迫切需要在硬件上，特别是执法手段的现代化上有一个大的跃升。近年来，受益于信息技术的飞跃进步，同时也得益于南京近年来大力推进的智慧城市建设，南京城管执法的科技信息含量也得到了很大的提升。通过信息化建设，有助于实现执法工作平台化、执法公开网络化、执法标准流程化、执法监督智能化，有效提升执法工作和执法监督的效能，真正为规范化建设插翅助力。

我们根据“用信息化手段管控队伍，提高执法效能”的建设理念，从平台建设、软件应用、数据管理等方面着手，对全市城管执法队伍信息化建设进行了规范推进和指导。近年来，我们基于“北斗/GPS定位”“4G图传”“电子网格”“电子考勤”“巡更触碰”“数据研判”等信息化手段，实现了“人员状态可呈现，常态管控可打卡，事件处置可追溯”等功能，达到城市管理各类执法问题“及时发现、快速流转、有效处置和实时反馈”，使城市管理执法更高效。

——在管理制度方面，我们重点实施了自由裁量规范化，重点解决执法实践中尺度不一、标准不够、权威性不足的问题。城管执法事项庞杂，十分琐碎。由于缺乏统一的制度性规范，在不同执法主体、执法区域，经常会出现“同案不同罚”等严重影响城管执法统一性、权威性的现象，有时还会出现舆情事件。就此实施制度规范化，实现全市一张网、一盘棋、一把尺子，十分必要。

我们坚持“一切按法律要求来做、一切按规定要求来做、一切按程序规范来做”，在全市队伍实行统一自由裁量权基准制度。全面、系统地梳理现有100余部与城管执法有关的法律法规，完成了城管执法事项的全市统一工作，厘清了执法边界。2019年，南京城管对网上办案系统进行升级，将“自量裁量”模块成功植入。办案人员将案件现场情况第一时间录入系统

后，全部录入的案件要素直接应用于后续流程，不得修改、不得撤销，且自动生成处罚金额，真正做到了城市管理执法行政处罚“罚不罚、罚多少，系统来界定”。这项改革，既优化了办案流程，更降低了廉政风险。

——在公共关系方面，我们重点实施了宣传工作规范化，着重解决社会公众对城管执法认同度不高、支持度不足的问题。了解才能理解，理解才能支持，这是公共关系塑造中的一个基本原理。多年来，由于种种原因，广大社会公众对城管执法了解不多、理解不深、支持不够，有时甚至还会误解、曲解，对城管执法工作产生了不利的影响。

为此，我们进一步规范宣传报道工作机构、体系和网络，变“被动应对”为“主动引领”。近年来，先后在南京电视台开设《城管行》栏目，开通南京城管微博、微信，“公众观摩执法”“我为城管代言”“城管清风杯微电影大赛”，讲好南京城管故事，在全社会形成了“越了解、越理解、越支持”的良好氛围。南京城管执法队伍主要领导连续几年携手在南京电视台著名节目《民声》栏目中，对话专家学者和市民代表，直面城管执法热点、难点、痛点问题；特邀城治委公众委员、城市治理志愿者及市民代表全程参与城管日常执法工作，现场听取意见建议……这些工作，都为城管执法工作创造了有利的舆论和社会环境。

“城管执法规范化”的理性思考

近年来，通过实施和开展城管执法规范化，南京城管执法队伍的整体形象得到进一步改观，执法水平和能力又有新的提升，整体风貌焕然一新。特别是在城市扫雪除冰、抗击新冠肺炎疫情等大仗、硬仗中，南京城管人经受住了考验，交出了一份让市委市政府和全市人民满意的答卷。南京城管执法规范化的创新举措，也得到了国家有关部门、兄弟城市同行的充分肯定。几年来的实践充分证明，我们的探索方向是对

头的，路子是合理的，结果也是令人欣慰的。

城市发展生生不息，城市管理未有穷期。就此而言，城管执法的创新探索也没有完成时，只有进行时。对于城管执法规范化的前期探索，我们尤其需要秉持“回头看”的清醒和自觉，紧密结合当下的城市建设和管理实际，对其在理念上进行再梳理，在实践上进行再完善，使其不断适应变化着的实践场景。

思考之一：城管执法规范化是城市管理精细化的基础和前提。没有规范化，就很难做到精细化。

习近平总书记指出，城市管理应该像绣花一样精细。这一重要论断，为我们做好城市管理工作提供了基本遵循。只有实现城市管理精细化，才能进一步提高城市发展质量和效益，满足人民群众对美好生活的需求。近年来，南京市委市政府十分重视城市管理工作，将实现城市的精细化管理当作一项重要任务来抓。市领导明确要求：实现城市管理精细化，“精”要精在工匠精神，精益求精，打造精品；“细”要细在绣花功夫，特别是要抓好最能体现精细化水平的关键细节和细微之处；“化”要化在市场化、智慧化、法治化，真正用好政府有形之手，用足市场无形之手，用活市民勤劳之手。经过多方的努力，南京城市管理中存在的一些不精、不细的老问题有了明显改观。

我们认为，“精细化”是城市管理中的一种目标设定，是城市发展从粗放型到集约型、从注重外延发展到内涵提升的过程中，对城市管理提出的新要求、新期待。“精细化”更多地反映了对城市管理过程和结果的目标追求——告别“粗枝大叶”，实现细针密缕，成就精细品质。换句话说，“精细化”体现着一种特定的价值追求。但具体如何实现“精细化”，却有着不同的到达路径。而“规范化”就是其中一条具体的实践路径。通过实施规范化，能够让城市执法中的各要素充分制度化、标准化、正规化，从而有效增强系统的协调性、整体性，有力推动城管执法的公开、公平和公正，让城市管理从粗放走向精细。“精细化”和“规范化”，更多地体现为目标和手段、方向和路径之间的关系。实施城管执法规范化，一个重要目标是推动城市管理走向精细化。

思考之二：城市治理现代化对城管执法规范化提出了新的更高要求。“规范化”仍然面临着提档升级的迫切需要。

实现治理体系和治理能力现代化，是我们国家实现两个“一百年”奋斗目标、实现中华民族伟大复兴中国梦的需要，是新时代继续推进改革开放、使中国特色社会主义永葆生机活力的需要，是适应我国社会主要矛盾变化、不断满足人民对美好生活新期待的需要，也是战胜前进路上各种艰难险阻、确保国家长治久安的需要。

对于具体城市来说，实现治理体系和治理能力现代化，必然要求在城市治理领域，实现人员、制度、手段和能力的现代化。城管执法规范化，就是实现这一目标的基础性工程。前不久，南京市委市政府明确要求，优化特大城市治理，迫切需要城建城管系统率先创新突破。要强化改革赋能，加快破解城市治理中的深层次问题，在深化综合性改革、市场化改革方面取得突破。要强化智慧支撑，建设高度集成的信息直报、数据汇集、模拟分析、监测预警、应急处置、共享应用综合平台，形成统一指挥、协调各方的“城市大脑”。要强化依法治理，完善相关立法，坚持依法决策，公正文明执法。要强化共治共享，在党的全面领导下使政府、市场、社会各方力量密切协同，畅通群众参与的多元渠道，提升网格化管理效能，形成人人有责、人人尽责、人人享有的城市治理模式。这些都对城市执法规范化提出了新的更高要求。

值得一提的是，相对于城市管理，城市治理的参与者更多元、领域更开放、手段更丰富，尤其是强调了公众和社会各方的共同参与，体现了共建共享的城市发展理念。正因此，我们不仅要继续加强城管执法的队伍建设、制度建设，以及装备和技术保障，还要在强化公共关系、增进公众认同上继续努力，让广大公众更好地了解、理解并支持城管执法工作。在继续做好宣传工作规范化的基础上，我们要适应媒体传播格局大分化、大调整的现状，通过多种方式讲好城管故事、发出城管声音；要适应社会公众民主意识不断增强的新趋势，主动走进公众、积极开展互动、增强社会参与、共建美好城市。

思考之三：以系统思维深入推进和完善城管执法

规范化，坚持不懈“强基础、转作风、树形象”。

城管执法规范化是一项系统性、基础性工程，在推进过程中必须结合城市发展实际，统筹兼顾、循序渐进。在这个意义上，城管执法规范化只有进行时没有完成时，我们的创新和探索实践一直在路上。

如前所述，城管执法是城市管理的一个子系统。推动城管执法规范化，不仅要协调执法者与被执法者之间的关系，创造有利的执法环境、社会氛围和工作条件，也要协调系统内部“人”“物”“规”等各方面的关系，让城管执法规范化整体推进，避免产生“木桶效应”。从近几年的创新探索和实践来看，虽然我们的工作取得了明显成效、受到各方肯定，但我们清醒地认识到，这项工作与城市日新月异的发展还不完全匹配，与市委市政府对我们的要求还有不小的差距，与人民群众对美好生活的新期待还有较为明显的差距。

短板之所在，就是努力之所向。今后我们一定要继续深入学习领会习近平新时代中国特色社会主义思想，自觉把城市管理、城管执法放在全市工作的大局中加以审视，不断呼应城市发展和人民群众对我们提出的新要求、新期待，持续提升城管执法工作的规范化水平，努力强化基础、转变作风、树立形象，不断为建设“强富美高”新南京做出新的更大贡献。

城管执法规范化建设路径

文 / 杨雪锋

自从中央明确城管执法职能归属住建部管理以来，住建部相继推出一系列规范执法行为的政策举措，统一机构设置、统一标志标识、统一制式服装和车辆装备等，在全国开展“强基础、转作风、树形象”专项活动，颁布《城管执法办法》、制定《城管执法行为规范》，城管执法队伍正规化、执法规范化建设取得显著成绩，城管形象不断改善，各地在执法规范化建设方面也探索出不少经验模式。但是，与中央提出的“顺应城市工作新形势、改革发展新要求、人民群众新期待”“让人民群众在城市生活得更方便、更舒心、更美好”殷切期望相比，城管执法规范化建设仍需要进一步加强，本文就城管执法规范化建设提出“654”路径。

一、全面推进“六大体系”

首先需要对城管执法规范化建设进行顶层设计，系统思考。作为一项系统工程，执法规范化建设要求实现全方位全过程全要素的提升，具体就是推进“六大体系”建设。“六大体系”包括执法制度、执法标准、执法办案、执法管理、执法培训、执法保障六个方面，分别从制度、标准、办案、管理、培训、保障等方面全面推进，整体提升。

执法规范化建设要统筹推进，构建完备的执法制度体系、规范的执法办案体系、系统的执法管理体系、实战的执法培训体系、有力的执法保障体系。六大体系是一个完整的系统，相互关系密切，其中执法制度体系是分清权力划定责任的依据；执法办案体系是协调执法办案关系的基础；系统的执法管理体系是执法遵循规律符合科学的保证；实战的执法培训体系是提升法治素养和法治能力的关键；有力的执法保障体系是执法办案的物质基础。

各体系环环相扣、相辅相成，缺一不可，必须抓住关键环节，坚持问题导向，改革创新统筹推进，方能实现规范执法权力运行的基本要求。

（一）完备的执法制度体系

主要包括以下三个方面：一是完善各级各类执法制度的合法性审查和立改废释。应当进行清理评估已经实行的执法制度，对于违反宪法法律和上位法的规范性文件和制度，应当及时修改或废止。对于新制定的执法制度，应当出具相应的合法性法律意见，按照相关程序备案。做好执法制度档案管理工作。二是执法制度的拟定应当广泛征求意见。对于一项新制定的执法制度，特别是涉及社会公众切身利益的执法制度，应当向社会公开征求意见，并建立意见收集反馈机制。三是执法制度的制定和实施应当立足执法实战。在一项执法制度建立前应当充分考虑执法实战实际，充分征求一线执法人员的意见建议，以提升执法制度建设的有效性、针对性和可操作性。

（二）完善的执法标准体系

设立执法主体标准、执法行为标准、执法流程标准、执法场所标准、执法保障标准等执法标准规范，通过明确执法活动的责任主体和主体责任，进一步细化岗位职责、执法内容及其边界，为执法实践提供明确具体的指引。建立和完善科学、系统、细致、具体、完备的执法标准管理体系，明确执法实体标准、执法程序标准、执法主体标准，严格促进执法程序全程监控、考核记录、责任追究和履职激励等措施，形成完整的执法管理标准体系。

（三）规范的执法办案体系

1. 建立闭环的执法办案系统。建立网上办案、信息整合、信息采集、多样化考核、电子案卷管理，执法办案闭环优化管理系统，使其成为执法流程一体化、责任管控一体化、执法全过程实时化监督的闭环系统。如青岛胶州执法局采用网上办案系统，将所有一般性行政处罚案件从立案、调查取证、固定证据、适用法律条款选择、自由裁量、行政处罚决定拟定与审批、行政处罚决定法律文书定稿与公示、政府法制监督、监察机关监督、检察机关监督等所有环节全部整合到同一个网上办案平台，实现行政处罚案件办案过程全记录、全参与、全监控、全分享。

2. 透明的执法办案流程。确保执法办案全要素、全方位、智能化、系统化管控，实现群众报案“一窗”接受，案件办理全流程“一网”审核，案件办理情况互联网“一键”查询。构建全面精细的城管执法流程。执法程序的精细化实质是指执法流程动态控制。明确责任主体和主体责任、严格依法依规考核；通过执法程序的标准化、具体化和数据化，打造全面覆盖执法活动的系统执法流程并予以规范，从而使执法的各个流程受到标准指引并做到精准控制。通过对执法实践的各个方面和各个环节进行全面系统的梳理，从而精细提炼出执法实战的各个流程，促进执法的标准化、量化和细化。在网上执法办案系统设计建设中，要基于法律的框架和程序流程而设计，同时充分运用视频监控、大数据等现代网络信息技术等手段和方法，解决执法环节中的具体问题，使执法实践中的程序正义得以实现。

3. 建立科学合理的裁量基准。包括制定立案标准和裁量标准、规范执法自由裁量权、细化完善执法办案和行政管理服务重点环节的操作规范标准。健全裁量权基准制度，重点在关系群众切身利益、自由裁量空间较大的执法领域，细化、量化裁量标准，切实保障法律、法规和规章得以正确实施，解决滥用自由裁量权问题，推进执法公正。坚持起点公开、基点公平、终点公正。注重综合考虑行政相对人的主观过错程度、行为性质、情节以及社会危害后果等多方面因素，参照裁量规则或规范适用自由裁量权，既保证行政执法的合法性、又提高行政执法的合理性。细化自由裁量标准，压缩自由裁量权的“弹性空间”，做到同一类案件执行同一处罚标准，保证处罚的公正性，避免随意执法行为的发生。具体实施处罚时，根据案情做到三个区别：轻后果与重后果的区别，故意与过失的区别，初犯和累犯的区别，以保证处罚的公平性和实效性。

（四）系统的执法管理体系

1. 推进执法公开。坚持以公开为

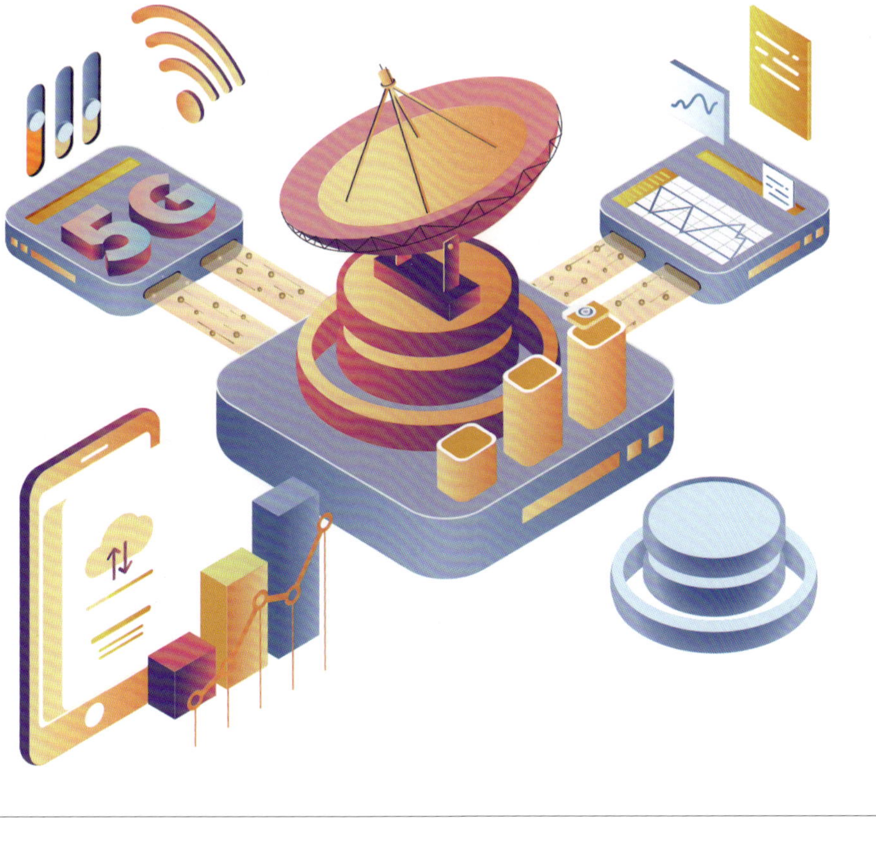

原则、不公开为例外，最大限度公开执法依据、执法进度和执法结果，以公开促进公正。以群众满意为导向，充分运用调解案件和听证案件等典型案例的公开，开展全民普法教育，增强执法的透明度和说理性，提升社会对城管执法的认同度。建立城管执法公开的信息化平台，在保障个人信息权利的前提下，提供生效行政处罚决定书、行政复议决定书的网上查询服务。利用信息技术开展网上执法、管理和服务。

2. 完善执法质量考评。将执法质量考评作为城管绩效考核的重要内容，取消不合理、不科学的考评标准，科学设立数量、质量与实际效能并重的考评标准，树立正确的执法导向，引导执法人员多办案、办好案；拓展考评范围，加强对执法重点环节、程序规范、执法能力等执法活动各方面的考评，增加民意测评，包括人大代表、政协委员、行风监督员等多方面评价，建立多元化社会评价机制，将评价结果纳入执法规范化考核中。建立日常考评、个案考评、审核考评、阶段考评、专项考评和年度考评相结合的动态考评机制，及时发现并纠正执法过失和过错。加强同法制办、法院等相关部门协作，通过法制审核和司法建议书不断提高执法办案水平。

3. 明确执法责任。全面落实执法责任制，将法律赋予的执法职责，细化分解明确到每个执法单位、每个执法岗位和每个执法流程中。分析、把握执法过程存在的风险点，做好防控、规避执法风险和廉政风险，做到防患于未然。

4. 健全执法监督。一是完善法治化的内部监督机制。法制、纪检、上级部门等监督部门，共同监督执法的行为过程，充分运用信息化手段对办案执法的全程实施动态化、实时化监督。党委、政府、人大应当建立法治化的监督机制。二是探索建立健全司法监督审查机制。加强法律监督机关对城管执法活动的监督，不断扩大监督范围，建立健全符合执法实际的监督审查机制。三是畅通社会监督渠道。健全特邀监督员制度，大力推行执法的社会评议制度，广泛接受社会各界的评议和监督，推行公开透明执法程序，城管机关的执法依据、执法程序和执法结果等都应公布于众。青岛胶州执法局通过网上办案系统，给政府法制办、监察局、检察院都开通了后台登录账户，可以在线随时查阅所有行政处罚案件的全部案卷文件，这样既方便了政府法制办审批重大疑难案件，更有利于实现政府法制监督、监察机关监督、检察机关监督，有效预防错案发生和执法腐败以及执法官职务犯罪等现象的发生。

5. 完善“标准引领、全程留痕、回溯纠偏、定期议法”四步齐走的“回溯式”执法管理模式，实现执法过程全程留痕、过错责任随时倒查、执法问题及时整改。西安市长安区城管局通过网上办案，构建“执法信息网上录入、执法流程网上管理、执法活动网上监督、执法质量网上考评”的城管执法办案管理模式。

（五）实战的执法培训体系

制定城管执法队伍建设长期规划，通过专项行动和定期常态化教育培训，落实规划目标和任务。建立城管执法人员教育培训的知识、能力、素质提升机制，科学设计培训内容，至少要包括思想政治教育和党性教育、法律素养教育、城市管理业务知识、心理素质等核心内容，与相关专业高校建立相对稳定的教育培训合作关系，确定一批相对稳定、熟悉城市管理和城管执法工作的师资队伍，培训方式突出实战性、实用性、实效性。

（六）有力的执法保障体系

包括执法装备保障和执法协作保障。建立健全保障机制，是深化执法规范化的物质基础，需要夯实执法物质保障，在经费、基础设施、执法装备、智能技术等方面提升保障水平，为依法履职提供有力物资保障和技术支撑。城管执法涉及面宽，相关部门之间的协作是提高执法效能的保证，特别是综合执法改革，需要城管、公安、交通、市场监管、生态环境、食药监等部门加强协作联动，建立完善的公务协作机制；另外在执法办案过程中，公安、法院、法制办等机构也要加强司法协助，为城管执法提供司法保障机制。

二、重点规范“五项内容”

城管部门的执法规范化受到体制框架、执法程序、组织利益、行政伦理以及政治环境等多种因素的影响。因此，需要从体制规范、主体规范等方面加强和完善。

1. 执法体制规范化，解决城管执法边界模糊问题。体制性制约因素主要包括“管理与执法”“条条与块块”“条条与条条”等的关系，故要考虑政府部门管理与城管机构执法的关系，避免政府许可权与城管执法权的冲突，最大限度地消除监管中政府失当管理与城管混乱执法的消极现象；处理好政府中心工作和城管边缘治理问题，防范城管、工商、城建、环保、交管等职能部门相互推诿、庸懒散慢等不作为情形，使得城管执法体制更合理，末端执法实践更规范。

2. 执法主体合法化，解决城管执法资格不符问题。执法主体规范化包括责任主体和行为主体的合法化。执法责任主体合法化，是指按照法律法规和中央政策要求，规范城管执法机构设置并合理划分执法权，明确执法权限和权力边界，涉及职能交叉的部门要有明确的协作机制；综合执法改革要循序渐进，逐步划转；执法行为主体合法化是确保执法人员执法资格的合法性。

3. 执法程序规范化，解决城管执法程序失当问题。程序公正：树立执法为民理念，确保程序公正与实体正义，杜绝“暴力执法”“钓鱼执法”“随意执法”“恶意执法”“选择执法”“自费执法”“运动式执法”“不公正执法”等违规执法乱象，内强素质，外树形象；流程完整：健全案件审批、执法记录、告知权利、调查取证、自由裁量、重大审核、执法监督、责任追究等制度，保障制度架构内执法权力规范运行；监督有效：健全行政执法监控机制，减少权力滥用和程序违法，强化行政监察和层级监督，加强业务指导和监督检查，健全投诉举报制度，接受群众监督。

4. 执法行为规范化，解决城管执法行为失范问题。执法人员应该使用“法言法语”，简洁明了并且要让百姓容易理解。提高执法人员的法律素养，加强执法程序以外的执业行为规制与职业伦理要求，旨在体现执法人员对行政法治权威的敬畏和执法对象权益的尊重。严格规范执法形象：应当持证上岗、统一着装、佩戴标识、仪容严整、举止端庄、文明用语、行为规范、公正执法以及尊重管理对象、主动出示证件，除法律另有规定、共同执法须两人或以上等。

5. 基层中队规范化建设，解决一线执法条件薄弱问题。基层中队是执法队伍的主体，也是抓好城管执法工作的基础，基层中队规范化建设主要包括：装备标准化，管理使用规范化，执法信息化、标准化。南京城管执法系统开展“规范化、标准化、制度化、正规化”队伍建设配备了统一的“制式装备”：包括防割手套、防刺背心、反光背心、头盔、执法记录仪、执法腰带，执法腰带内还装有自喷漆、尖嘴钳、小铲刀、执法记录本等小件。更为精细地是上海市城管执法部门印发的《上海市城管执法系统执法全过程记录信息化装备技术参数与配置标准》。

三、认真落实“四化要求”

“五项内容”要落到实处，就需要按照执法队伍正规化、执法行为标准化、执法流程信息化、执法思维法治化“四化”要求开展具体的建设活动。其中，队伍正规化是首要，是执法规范化建设的主体内容和核心要素；行为标准化是对执法行为的客观要求；执法管理系统化是对执法行为进行协调督促和测度反馈的必要条件；流程信息化是实现执法信息真实有效和及时反馈目的的必然要求。四者构成执法规范化的基本要素，缺一不可。

（一）执法队伍正规化

人是能动性主体。执法规范化首要的是抓好队伍建设。队伍正规化至少包含队伍建制的正规化、队伍形象的正规化、队伍素质正规化、队伍管理正规化、队伍训练正规化。建制正规化要求健全行政编制、建立健全党团组织；形象正规化要求着装装备、言行举止符合规范；素质正规化包括具备良好的行政执法业务素质、城市管理业务素质、政府公务员素质；管理正规化要求按照相关法律法规要求，建立完善的队伍管理制度并严格执行；训练正规化要求教育培训和日常训练要制度化、常规化。南京市城管局探索出多样化培训形式，比如全员普训：一人一档；专项联训：以赛代训，技能比赛优胜者由省总工会颁发“五一劳动奖章”、团市委颁发“市优秀青年”；驻点培训：局机关干部下派到区街中队，了解基层情况，把问题带回来，发挥调研员、宣传员、指导员的作用；跟班驻训：全程跟进，一个案子办到底；对口互训：和外地城市城管部门交流培训，互相学习借鉴。

队伍建设正规化，解决的是整体队伍形象和凝聚力问题。按照住建部《城市管理执法办法》《城市管理执法行为规范》的要求，统一制式服装、统一执法装备，统一标志标识，规范城管执法用语，严肃城管执法队伍队容风纪。

各地根据自身的实际，建设富有特色、鼓劲打气的城管文化，塑造良好形象、充满正能量的城管精神。比如，杭州城管系统提出“当城市好管家 做百姓贴心人”口号，打造“守纪律、听指挥、强执行、尽责任、贴民心”的城管精神，争当城管执法铁军排头兵。

（二）执法行为标准化

执法行为标准化是对队伍建设和执法人员提出更高要求，标准化体现出执法的威严和严肃性，也能彰显执法公正，用标准约束行为。西安市莲湖区的做法是：首先对正在执行的数十部法律、法规和规章进行全面梳理，对现有适用法条进行整合，选择执法效力最高的一种，固定为对某一违法事实进行处罚的唯一依据；其次，制定出台了《城管执法行政处罚自由裁量权细化标准》，对工作中最常遇到的72种违法行为，分别按照违法事实性质、发生频率、发生的地点和影响程度大小，在法定裁量幅度内细化成两至四个档次，并制作成表格，使执法双方一目了然。

（三）执法流程信息化

执法流程信息化作用体现在提高执法效能、增强执法透明度和公正性两方面。在阳光执法方面，青岛胶州市综合行政执法局的执法网上办案平台，将一般性行政处罚案件，从立案、调查取证、固定证据、适用法律条款选择、自由裁量、行政处罚决定拟定与审批、行政处罚决定法律文书定稿与公示、政府法制监督、监察机关监督、检察机关监督等所有环节全部整合到同一个网上办案平台，实现行政处罚案件办案过程全记录、全参与、全监控、全分享。

执法流程信息化建设还要大力推进“互联网＋执法”的政务建设，善于运用大数据、云计算等，助推执法规范化建设，让数据多跑腿、群众少跑腿，使广大人民群众有更多实实在在的获得感。

（四）执法思维法治化

执法规范化建设重点是执法思维法治化，让每一位城管执法人员树立牢固的法治思维和法治理念。要具备法治思维，就要强化程序观念养成和证据能力培养。行政执法要依照法定程序进行证据收集固定、审理判断，提高依法收集固定证据、审查判断证据的能力就是执法规范化建设不断深化的过程。要强化规则意识、证据意识，强化法治思维、法治方式，强化法治素养、法治能力，特别是强化领导干部和基层一线执法主体的法治思维与法治能力。要大力加强城管法治文化建设，让城管执法人员成为尊法、学法、守法、用法的标兵模范，养成严格规范、公正文明、执法依法、履行职责的良好习惯，形成办事依法、遇事找法、解决问题用法、化解矛盾靠法的法治氛围。青岛胶州执法局提出“法治思维、文明管理”的理念，并通过“一队伍、两平台”建设得到落实，取得良好效果。

（作者单位：浙江财经大学城市治理创新研究中心教授）

厨余垃圾
分类和处理的启示

文 / 刘凌轩 张婧

2019 年 11 月，《生活垃圾分类标志》国家标准发布，其中采取了有害垃圾、可回收物、厨余垃圾、其他垃圾的垃圾“四分法”，对垃圾进行源头分类是对其进行分类处理的先决条件。2020 年年底前，中国将有 46 个重点城市基本建成垃圾分类处理系统。目前，越来越多的城市已经或者正在出台生活垃圾管理条例，将生活垃圾分类纳入立法管理。在生活垃圾中，厨余垃圾可能是最常见也是处理起来最令人头疼的种类。

厨余垃圾，顾名思义，就是指居民日常生活中与“吃”相关的活动所产生的垃圾，包括菜叶、果皮、蛋壳、肉、食物残渣、肉碎骨、废弃食用油脂等，广泛存在于对食品进行筛选、清洗、加工、食用、废物处理的全过程。大到菜场超市食堂餐馆，小到肉铺果摊家庭厨房，每天都会产生不少厨余垃圾，由于其中往往包含较高的水分和有机物，因此很容易腐败，进而产生臭味、脏水，滋生蚊虫等，既不利于市容市貌的整洁清爽，也可能成为细菌病毒繁殖与传播的温床，危害公共健康。厨余垃圾一直是生活垃圾中比例较高的成分，在没有垃圾分类的时代，厨余垃圾往往与其他的生活垃圾一同丢弃处理，这一方面可能导致厨余垃圾对其他生活垃圾的污染，降低其余有回收可能性垃圾的再利用价值，增加需要特殊处理垃圾的处理难度；另一方面，在过去统一混合填埋的处理方式下，厨余垃圾在高压和微生物的作用下容易产生不易降解的渗滤液，造成土壤和地下水的污染。厨余垃圾的粗放处理不利于我国发展循环经济、建设资源节约型、环境友好型社会，因此，对厨余垃圾的单独分类与处理势在必行。

一、国内外厨余垃圾分类经验

从全国 46 个即将或已经开展城市生活垃圾分类的重点城市来看，80% 以上的城市都将厨余垃圾这一有着“有机”“易腐”标签的垃圾单独分类，其余的城市也基本遵循“四分法”的思路，只是在名称和内容上有少许差异。上海采用了“有害垃圾、可回收物、干垃圾、湿垃圾”的分类方法，厨余垃圾基本属于湿垃圾的范畴。按照《上海市生活垃圾管理条例》的规定，湿垃圾即易腐垃圾，包括食材废料、剩菜剩饭、过期食品、瓜皮果核、花卉绿植、中药药渣等易腐的生物质生活废弃物。上海干湿垃圾的命名也引发了一些讨论，比如，干香菇是湿垃圾而湿纸巾是干垃圾，这种名字上的模糊含义可能会给践行垃圾分类的居民带来一定的困扰，像“大棒骨”这样的“厨余”垃圾因为其与其他“有机”“易腐”厨余垃圾不同的特性，往往并不被归类为厨余垃圾，而是归类为其他垃圾或者干垃圾进行处理。

在英国，厨余垃圾在不同的城市有不同的分类方式。例如在伦敦，厨余垃圾是单独一类；在兰卡斯特，厨余垃圾并不单独分类，而是与一般不可回收的生活垃圾放进同样的垃圾箱即可。但值得注意的是，英国的厨余垃圾并不包括花卉绿植这类同样也“有机”并且“易腐”的花园垃圾，花园垃圾需要单独分类、单独处理。这是因为如果食物垃圾与花园垃圾混合在一起就意味着必须将其发送到专用的室内堆肥设施中，在该设施中，堆肥必须在受控的温度下进行，这对于杀死食物垃圾中的细菌并控制口蹄疫等潜在疾病的传播很有必要，但这也会增加处理的成本。如果仅仅处理花园垃圾，则会有更具成本效益的室外处理方案。日本号称有着全球“最严格”的垃圾分类标准，垃圾分类一般分为可燃垃圾、不可燃垃圾、粗大垃圾和资源垃圾四大类，厨余垃圾以及衣服、橡胶制品、皮革制品、杂草等都属于可燃垃圾的范畴，他们的最终去处都是垃圾焚烧厂。

综合国内外的经验可以看出，垃圾

分类是为了垃圾的处理服务，从不同标准的垃圾分类标准中能看出不同地区处理垃圾的不同思路。

二、厨余垃圾的投弃

垃圾的投弃是垃圾分类和处理之间承上启下的步骤，同样有着重要的意义。值得注意的是，在厨余垃圾投放之前，对其进行“干湿分离”的预处理非常重要。由于中餐多油多水的特性，一顿饭吃完往往会剩一些汤汤水水，这时，应该先将液体倒入厨房水槽或下水口，再将过滤后的残渣倒入厨余垃圾袋。这一“干湿分离”的步骤能够尽量减少厨余垃圾中的水含量，方便对其进行下一步的处理。

在垃圾投放方式上，各地区也推陈出新，比如上海撤掉了居民楼前的垃圾桶，实行定时定点投放垃圾，试图通过这样的方式倒逼居民对垃圾进行正确的分类。尽管这项措施对一些上班族而言可能增加了他们投放垃圾的障碍，从而出现了上班族“带着没丢掉的垃圾上班”的情况，但长远来看有利于居民养成垃圾分类的习惯。在日本，不同的垃圾种类在不同的行政区有不同的回收时间，厨余垃圾所属的可燃垃圾一般每周有两次左右的的投放机会，需要按时投放。

三、厨余垃圾的处理

厨余垃圾的处理，一般有家庭处理和集中处理两种模式，开展垃圾分类的各国家和地区依照本地的厨余垃圾的分类模式、产量和自身的处理能力，选择最适合本地区的处理方式，实现厨余垃圾的资源化利用。

厨余垃圾量较小的家庭可以尝试家庭处理方式，比如家庭室外堆肥在西方国家很是流行。由于中餐和西餐的差异，西餐食材往往在购入时已经经过了一定的预处理，因此加工起来产生的厨余垃圾较少，欧美国家的厨余垃圾占生活垃圾的比例也比中国小，属于家庭处理能承受的体量。厨余垃圾中的有机物含量高，经过一定的作用能发酵成为天然的有机肥料，实现资源的循环再利用。比如在英国，许多人家有私家花园，通过家庭堆肥来进行厨余垃圾处理的接受程度很高。但需要注意的是，并不是所有的厨余垃圾都适合堆肥，比如油脂类废弃物，或者是含有大量无法去除的油脂的食品不适合堆肥。堆肥之前也需要对厨余垃圾进行一定的处理，比如将大块的废弃物尽量处理得细小，适当添加纸屑、米糠等含碳量较高的材料来调整废弃物的碳氮比例等。

在堆肥之外，在厨房安装垃圾处理器也是风行的家庭处理厨余垃圾的方式。厨余垃圾处理器有几种品种，比如打碎垃圾的垃圾粉碎机、减少垃圾含水量和体积的垃圾干燥机以及垃圾发酵机等，对厨余垃圾进行粉碎处理的粉碎器目前应用最广。这种机器往往安装在厨房水池下方，连接厨房的水槽口，安装之后人们可以将食品垃圾直接倒入水槽，通过垃圾处理器研磨成细小的颗粒，随水流直接进入下水道和城市污水处理系统。厨余垃圾处理器的使用能及时对厨余垃圾进行处理，减少其散发臭味、滋生细菌的可能。同时，厨余垃圾粉碎机对于需要定时定点倒垃圾的家庭尤其友好，极大减轻人们投放厨余垃圾的负担。但是，这一“神器”可能并不一定适合中国的城市和家庭。一方面，中餐厨余垃圾的含油量较高，直接进入下水道容易粘附在管道内壁，积年累月容易堵塞管道；另一方面，中国的城市下水管网并不是都完成了雨污分流的改造，这就使得在一些城市通过下水道处理厨余垃圾可能增加河流水体污染的风险。尽管如此，厨余垃圾处理器在处理轻量化的厨余垃圾方面有着较大的潜力，也越来越多地为中国的城市家庭所采用。

在家庭处理之外，目前更普遍的处理厨余垃圾的方式仍是统一回收处理。在厨余垃圾单独分类的地区，可以对厨余垃圾进行工业化的堆肥或者沼气发电，达成资源循环再利用的目的。比如在上海，湿垃圾主要采用生化处理、产沼、堆肥等方式。就沼气发电而言，一吨湿垃圾能产生 80 立方米左右的沼气，可以发电 150 度店左右，剩下的沼液也可以作为农田的液体肥料使用。而在将厨余垃圾归类为可燃垃圾的日本，每年 95% 以上的厨余垃圾都被焚烧，但是由于厨余垃圾的水分含量大，燃烧起来较为耗时耗燃料，并且有机物的燃烧还会产生大量的温室气体、有害气体，因此，日本也在尝试通过鼓励厨房垃圾处理器的安装、家庭堆肥方式来减少对厨余垃圾的焚烧处理。

四、挑战与机遇共存

厨余垃圾的分类标准规定了厨余垃圾的种类，但是日常生活中，居民往往会遇到许多广义的“厨余垃圾”。外卖行业的蓬勃发展之下，越来越多的城市人口通过外卖来解决一日三餐的需要，这也带来了外卖垃圾的问题，尤其是承装食品的一次性碗盒。过去，这些废弃物往往是用塑料袋装好后一丢了之，但

是在垃圾分类之后，应该把其中的食物残渣投入厨余垃圾，碗盒等投入可回收或者其他垃圾。这对于想要通过点外卖来省去做饭、洗碗、收拾垃圾烦恼的居民来说，减少了外卖给他们带来的“方便”，但也有利于居民养成按需点餐、减少食物浪费、践行垃圾分类的好习惯。

厨余垃圾的单独分类，对于单个的居民家庭来说是生活习惯上的改变，对于餐饮企业、单位食堂等厨余垃圾生产“大户”来说，更是迫在眉睫的挑战。餐馆用餐结束之后的桌面，食物残渣、剩汤剩菜、废弃纸巾、饮料瓶罐、塑料手套等往往混在一起，过去，店员可能把剩汤剩菜倒入泔水桶，其余的直接倒入垃圾桶，而这些泔水桶并不会统一回收，往往是餐厅联系私人回收商进行处理，这些泔水最终可能会成为禽畜的饲料，甚至被加工成“地沟油”。为了杜绝这类行为可能带来的禽畜和居民的食品安全风险，各地在制定本地的生活垃圾管理条例中往往对餐饮服务、单位供餐等活动中产生的餐厨垃圾和废弃油脂有专门的规定。比如在上海，此类垃圾需单独投放至餐厨垃圾和餐厨废弃油脂收集容器内，经分类收集、运输后实行资源化利用。为了实现这一目标，上海有的餐饮企业专门增设了“垃圾桶专员”的岗位，专门督导店内的干湿垃圾分类，也有的企业重新设计翻台流程、从餐桌清理到垃圾投放都实行“干湿分离”，取得了良好的效果。餐厅、食堂的垃圾管理制度一定程度上增加了这些地方垃圾管理的难度，在人力和监管上给后厨和保洁人员增加了负担，但是长远来看，这也能倒逼餐饮行业进行精细化管理和运营，督促员工养成自律守规的垃圾分类习惯，从而自上而下提高餐饮服务行业的管理运营水平和卫生水平。

对于城市管理者而言，加强对厨余垃圾分类的前端——家庭和餐饮行业的宣传和监督，对中端——厨余垃圾投放运输的规划，对终端——厨余垃圾的资源化再利用，都无疑是对自我职能的一次“加码”，但同时也是提升城市精细化治理能力的良机。由于过去对垃圾分类的粗放管理，我国的垃圾填埋设施早已不堪重负，各大城市的垃圾填埋场“爆仓”的消息屡见不鲜，厨余垃圾从其他种类的垃圾中分离出来，能增大各种垃圾回收处理的可能性，减少填埋量。目前我国主要城市每年产生的餐厨垃圾总量不低于6000万吨，无论是进行堆肥还是沼气发电，都是对垃圾进行的资源化利用。厨余垃圾处理的市场空间十分广阔。从居民家庭、企业行业到城市治理，厨余垃圾分类的挑战贯穿全程，机遇也同在，只有多方共同努力，才能实现厨余垃圾的减量化产生，达到资源化、无害化处理目的。

立法监督与教育并举

厨余垃圾分类对我国居民、餐饮行业、城市公共管理而言，都是新事物，执行这个与过去相比较为复杂的分类和投弃程序不能仅依靠群众的道德感约束，更需要完善相关的立法和监督处罚措施。以日本为例，日本针对垃圾分类建立了完善的法律法规体系，对于分类错误、乱投乱放的行为不仅会处以罚款，情节严重的还会处以刑罚，对餐饮企业不法投弃的处罚力度更大。上海的《生活垃圾管理条例》被称为“史上最严”，不仅因为其有严格的分类限制，更因为上海动员了自上而下的社会力量来保障条例得到严格执行。在社区，广大的基层管理员在公共垃圾桶前对垃圾分类和投放进行现场的监督，对不合格的居民垃圾分类要打回重分；对单位，上海市对不合格的单位垃圾分类采用拒运、下整改令方式；同时上海市还配套了针对个人和单位的垃圾混分乱投处罚措施，这样的多措并举有利于垃圾分类的标准得到严格的执行。

同时，垃圾分类是一个需要长期教育和推广的制度。日本的垃圾分类教育值得学习，日本的儿童不仅会从家庭得到垃圾分类的教育，还会在学校中动手来进行垃圾分类，比如在食用完学校提供的午餐之后进行食物残渣的处理，清洗牛奶盒并进行瓶盖、包装纸和瓶身的分类投放等。通过对少年儿童的积年累月的垃圾分类教育，不仅可以培养他们自身节约资源、垃圾分类的习惯，也可以影响他们的家人长辈，带动更多的人参与到垃圾分类这场全民行动中来。

垃圾分类：以“不便”迎“万变”

习总书记提出城市管理要“精细化、长效化、科学化”，江苏省也于2016年开始了“两减六治三提升”的专项行动，南京市是首批要建成垃圾分类制度的46城之一，生活垃圾的分类和回收利用已是弦上之箭。厨余垃圾只是生活垃圾中的一个类别，垃圾分类也不是以往一般的便民措施。以方便群众生活为出发点，垃圾分类给群众处理垃圾带来的反而是“不便”，而正是这种“不便”才能激励群众减少生活垃圾的产生，增加资源的循环利用。从日常分类行为的改变，到平时消费习惯的改变，进而到节能环保意识的改变，垃圾分类的“不便”给个人生活、社会环境带来的“万变”值得期待。

作者刘凌轩系英国兰卡斯特大学管理学院讲师；作者张婧系英国兰卡斯特大学管理学院博士生

公众参与的可持续城市市容环境更新

——从整治到共创、共管、共治

文/郭菲

城市公共空间作为人们社会活动的主要场所和市民与城市关联的主要纽带，融合了城市的使用功能、表现形式和文化内涵，在城市生活的各个方面都扮演着极其重要的角色。随着全球城市化进程加速，城市规模不断扩张，城市人口急剧增长，社会经济文化快速发展，人们使用城市公共空间的时间、内容和要求也在不断地发生变化，人们对城市在更包容、更安全、可恢复和可持续发展上的要求也日益提高，城市公共空间面临越来越多的复杂性和不确定性挑战。

作为城市公共空间的重要表现形式，城市市容环境的品质对于改善城市生活体验、促进使用者社交、增强市民认同、提升经济活力、打造城市品牌等方面产生越来越重大的影响。同时，由于城市使用者的文化背景日渐多元，生活方式日趋多样，人们对自身、社会与环境发展的认知也在不断发展变化，如何实现可持续的市容环境更新成为城市管理部门必须面对的长期现实问题。

城市更新是城市永恒的主题，市容环境更新是城市更新的一个重要组成部分。随着城市的发展，人们越来越清楚地认识到，真正卓有成效的城市更新，在于以全面而完整的远见和行动来解决城市问题，并且寻求实现一个面临改变的地区在经济、物质、社会和环境条件等方面持久的改善。持久的市容改善意味着环境更新不是一种快速的机械修复或建设，而是一个多方参与、多维度合作的长期渐进有机过程。从全球范围内看，几乎所有的城市都在面临如何实现可持续更新的挑战。西方发达国家的城市化进程相对较早，在城市更新方面的探索经验相对丰富，因此选择其中的典型成功案例进行分析研究，具有较强的现实借鉴意义。

一、市容环境更新案例研究

（一）工业旧址

美国纽约的高线公园（The High Line Park）是近年来最具代表性的城市更新项目之一。高线原是穿过曼哈顿西区的一条废弃了 30 多年的高架货运铁路，在非盈利组织"高线之友（Friends of the High Line）"的大力推动下，通过包括政府机构、私人团体和社会公众在内的各相关利益方的广泛参与，有效分步实施推进城市更新计划，将一个日趋没落且准备拆除的工业旧址，成功地转化为广受外地游客与本地居民欢迎的城市公共空间，同时有力地带动了该区域经济文化的顺利转型和持续发展。特别值得提出的是，作为公众利益代表的非盈利组织"高线之友"，在这一项目的立项、规划、设计、实施等建设的全过程中，都发挥了不可替代的重要作用，同时也承担了高线公园后期的运营和管理工作。这一项目的巨大成功，不仅标志着公私合作模式（PPP：Public Private Partnership）在城市环境治理中可以持续发挥卓有成效的作用，也充分体现了公众参与可以为市容环境更新带来与政府单方面主导的整治所不同的可持续发展方面。

美国纽约高线公园城市更新项目

（二）商业街区

位于美国旧金山市中心的鲍威尔大街是一条非常繁忙的交通要道，每天都有大量的人流步行通过它前往著名的购物中心——联合广场。人行道更新的初衷正如旧金山市长 Ed Lee 所表示，更好的通行和停留体验是鲍威尔大街需要改变的地方。设计师 Walter Hood 对人行道更新后的场景有着深刻的理解，不仅在空间规划上把原来的停车道拓展出来八个街边小花园，而且专门为此项目设计了一系列独具特色的铝制街道家具，恰当地分布设置在各个区域，使过往行人随时都能够轻松自如地或坐或站，用自己最舒适的方式愉快地停留片刻。无论是靠着扶栏看着老式电车从身边缓缓开过，还是三五成群围站在立桌旁交谈，抑或是行色匆匆的旅客坐在矮凳上计划着后面的行程，人们在繁华声中绿植从下，自在地享受独特而难忘的旧金山城市体验。

鲍威尔大街人行道更新的成功，极

美国旧金山鲍威尔大街更新项目

加拿大温哥华 Alley-Oop 背街小巷更新项目

大程度地得益于其独特的政府、企业和非盈利组织相互协作的多方合作模式，同时也获得了周边商家的广泛支持。该项目的大部分建设投资来自奥迪公司的企业赞助，建成后的保洁与维护则全部由非盈利组织“联合广场商业促进联合会（USBID）”负责。后期使用评估表明，更新后街道周边区域的行人流量明显增加（18%），行人在街区上停留的时间也有所延长，同时附近的商业消费也得以提升增长。

（三）背街小巷

成功的市容环境可持续更新是否都需要大量的前期成本和资源投入？加拿大温哥华的背街小巷激活计划项目 Alley-Oop 可以对这个问题做出明确回答。城市中的背街小巷往往是市容环境脏、乱、差的代名词，即便是作为全球最宜居城市的温哥华也不例外。在极为有限投资的条件下，HCMA 设计公司与温哥华市政府和温哥华市区商业促进协会（DVBIA）合作，将位于商业中心的一条阴暗的交通服务性巷道，成功地转变为一个明亮、有趣且充满活力的人车共享公共场所。经过重新设计的 Alley-Oop 巷道以“游戏”为主题，大胆地使用了粉红色和黄色的涂料，并在适当的位置设置了篮球架和其他街道家具设施，吸引了众多游客和在周围办公就业的市民在其中放松、锻炼或社交。据统计，该项目自 2016 年完成开放以来，使用该巷道的行人数量比更新前增加了一倍以上，其广受欢迎的程度甚至得到很多时尚活动的青睐，很快成为温哥华的网红地之一。这个项目获得持续性成功的背后，是由邻近大楼业主、租户和访客共同协作和参与的机制在发挥长效作用，他们共同对这个巷道的使用、清洁和监督承担相应的责任，使该项目成为低成本进行有效市容环境可持续更新的一个典范。

（四）人行通道

城市公共空间的数量与质量，在某种程度上决定了一个城市的人居环境品质。城市化进程的加速使原本已经捉襟见肘的城市土地资源更为短缺，全球绝大多数城市都不可避免地面临公共空间受到严重挤压甚至消失的挑战。城市更新为城市空间的转型和品质提升提供了新的可能，美国旧金山的人行道公园更新项目计划正是通过对人行道空间的重新设计利用，将部分原本不常使用或闲置的区域，由政府规划部门、非盈利组织、临街商业业主、社区居民共同协作，打造成适合并鼓励人们停留的街边小公园，从而创造出大量具有丰富本地社区文化的公共空间，在深受市民欢迎的同时，也极大地拉动了社区经济的发展。由于这些街边公园项目的规划、设计、建设和日常运营维护都充分依靠本地社区力量的参与，因此这些新的公共空间的活力和品质得以长期保持。

（五）店招店牌

面对现代城市发展的问题，通过城市更新可以对已经丧失了的经济活动进行重新开发，对已经出现障碍的社会功能进行恢复，对出现社会隔离的地方促进社会融合，以及对已经失去了的环境质量和生态平衡进行复原，这些已成为城市可持续发展新模式的共识。在此目标下，城市更新被赋予越来越多的社会与人文价值，其内涵也逐渐从以物质环境为核心转变为以人为核心。市容环境更新能否持续高效地满足城市公共空间使用者的实际需求，成为城市管理者不可回避的长期挑战。

店招店牌是近年来城市管理部门进行市容环境整治的一项主要内容。很多城市将其作为提升城市市容环境品质和改善城市整体形象的重要举措，并纳入城市管理工作的标准化、精细化和常态化要求。然而，由政府相关部门主导并投入大量人力、物力和财力，以有序、统一和美观为目标的店招店牌整治工作却往往难以收到令人满意的结果，有些项目完成后甚至沦为市民吐槽的热点和舆论争议的焦点，引发对于政府行政管理如何在未来城市市容环境更新工作中定位问题的深入思考。

（六）旧城改造

老旧建筑因年久失修、维护困难而有碍观瞻也是市容环境中普遍存在的问题，旧区改造应该纳入城市更新的体系中加以妥善处理，并使之重新为城市环境品质提升和城市生活品质改善发挥作用。相比于建成时间较短的新城区，老旧城区的公共空间改造往往面临现场情况复杂、功能需求脱节、多方利益冲突协调、人文内涵延续传承等诸多现实困难，以政府相关部门为单一主体主导的整治改造工作往往容易陷入简单化、理想化的陷阱，最终导致很多项目仓促上马，设计方案治标不治本，实施效果形式大于实质，有些在整治改造完成后反而引发新的社会问题而被迫中断、整改甚至拆除。反观众多类似的情况可以发现，如果缺乏包容开放的决策体系与多方共识的决策过程，城市市容环境的更新很难真正地取得成功。

（七）公共市场

菜场是城市生活中重要的公共空间，除了满足市民日常起居饮食的便利需要外，还承担着社区居民积极社交的功能，因此难以被大型超市或线上购物所取代。传统的菜场由于其主要提供生鲜产品零售交易服务的特性，加上场所设施大多较为简陋陈旧，因此普遍存在环境杂乱和卫生较差的问题，近年来被越来越多的城市管理部门列入民生工程范畴，成为城市市容环境更新的新阵地。随着一批经过精心设计改造后的菜场投入使用，在短暂的“网红”效应后，很多硬件环境品质大幅提升的菜场并未能带来预期的客流增长率和顾客满意度，部分菜场原来的客流反而转移到附近未改造的老旧菜场，更实惠的价格和更有“烟火气”的氛围是这部分市民选择离开的主要原因。如何能够通过市容环境更新真正创造可持续的公共价值更好地服务于市民，这对城市管理部门和相关规划、设计、运营、维护等各环节提出更高的要求。

从以上案例中我们不难发现，成功的城市市容环境更新有赖于建立一个真正有效的公众参与共创、共管与共治模式，其中包括包容开放的决策体系、多方共识的决策过程和协调合作的实施机制等重要环节。

二、市容环境更新的策略方法

从某种意义而言，城市更新是通过设计和创新，为城市探索可行的未来发展模式。因此，有效的设计策略与设计方法对实现市容环境的可持续更新至关重要。同时，城市是为更好的人类生活而存在的，城市更新的核心始终是如何营造适合的场所，以形成具有吸引力的场景，支持人们积极地使用该场所并获得满意的体验，从而更好地满足市民的社会生活需求并激发城市社区的活力。正如非营利性组织“公共空间项目（Project for Public Space）”的创始人 Fred Kent 所言，如果你是为汽车和交通而规划城市，你最终得到的是为汽车和交通而服务的城市；如果你是为人和场所而规划城市，那么你最终得到的才是为人和场所而服务的城市。因此，面向未来的城市更新应该从聚焦“功能与空间”转移到聚焦“使用者和场所”上来，以人为本的设计策略和设计方法应该成为城市更新的重要内容。场景创造策略与场所营造方法，正是人本设计理念在市容环境更新应用上的重要策略方法。

上海永年菜场更新项目

人们对城市公共空间的使用，实际上是对公共空间的消费体验行为。城市更新不仅仅是旧建筑、旧设施的翻新，也不仅仅是一种城市建设的技术手段，它同时还具有着深刻的社会和人文内涵。因此，在市容环境更新设计策略中，用“场景”替代“环境”的设计目标概念尤为重要。从这个角度而言，场景不仅仅是城市物理环境的构成，同时也是一个地方的整体文化风格或美学特征的表达。当一个社区变成一个场景时，它就可以成为培养各类社会精神的场所，不仅可以服务城市生活需求，而且能够引导市民的公众行为，激发社区的文化认同，活跃区域经济。城市公共空间的场景创造策略正在重新定义城市经济、居住生活、政治活动和公共政策并可以成为市容环境更新有效的创新设计策略。

市容环境更新的场景创造策略的成功应用有赖于场所营造方法的有效使用。场所营造是一种用于公共空间规划、设计和管理的全面方法，是指利用当地社区的资产、灵感和潜力，以创造可增进人们健康、幸福和福祉的公共场所。随着城市更新逐渐聚焦到以步行者为导向的开发（POD：Pedestrian Oriented Development），场所营造方法将越来越关注如何使用未充分利用的空间来增强人行尺度的城市体验，亦即人行空间的消费场景，从而引导公共场所使用者的公共空间的消费体验行为，增强市民对城市和社区的参与感、认同感、归属感与自豪感，进而创造包括经济效益与社会效益在内的多方共享的公共价值。

三、可持续更新的理念机制

城市更新既要满足社区的当前需求，又要面对城市的未来发展。市容环境更新的需求一般比较分散，不仅可能涉及多层面与多方面问题，而且可能会随着时间的推进而发生变化。因此，市容环境更新必须要构架一个开放包容的决策体系，使该区域的所有长期利益相关者都能够全部有效地参与到更新决策制定的过程中来，在多方共识的基础上做出有利于多数市民公共利益的最优化方案，并通过多方支持与多方协作的专业项目团队执行，以实现各利益相关方都可以共享的更新成果，同时建立多元治理和自主管理的更新后管养模式，在实际运行过程中发现所产生的新问题或所面临的新挑战，并作为下次更新需求重新纳入这一循环体系中，从而形成可持续的市容环境有机更新模式。

与城市更新中的其他部分一样，市容环境更新具有重要的公共政策属性。具体而言，市容环境更新体系是一个包括规划、设计、投资、建设、管理、养

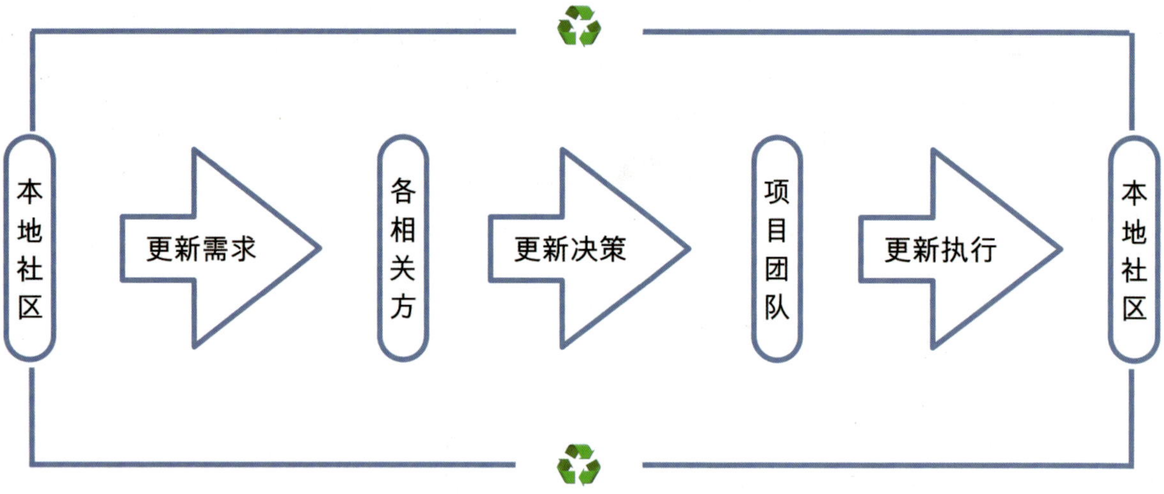

可持续市容环境更新体系

护等全流程在内的城市公共政策整体性应用。由于公共政策具有公共性内涵，是解决超出个人和集团范畴的具有广泛性和普遍性的社会公共问题，其顺利执行的重要前提条件是各相关利益方对政策目标自上而下的共识和理解。在当前社会经济发展阶段，城市公共政策已经从以经济发展为重心全面转移到社会的可持续发展方面，以人为本已经成为城市公共政策的核心价值取向，市容环境更新模式也应统一到同一目标上来。在公共政策层面，以人为本意味着最大限度地反映最大多数公众的利益和要求，这必须依靠公众广泛、深入且有效地参与才能实现。

由于城市更新的对象是既有的建成环境，而不是对新的城市化进行规划和开发，因此以政府或企业为单一主体来主导的自上而下的市容环境更新机制，往往容易陷入表面化和形式化的陷阱，而无法真正满足本地社区的内在可持续发展需求，最终导致更新项目的效果不理想甚至失败，或者无法长期持续。可持续的市容环境有机更新以本地社区的需求和发展作为更新首要解决的问题，通过公众广泛深入的参与，自下而上地推动市容环境更新，并在需求定位、决策制定和执行参与等各个重要环节充分发挥能动作用，最终实现可以为包括公众在内的多方长期利益相关者共享的更新成果，真正实现可持续的城市市容环境更新。

结语

在当今全球城市化进程加快、大部分城市发展面临升级转型的语境下，城市更新为城市的可持续发展提供了一个具有现实意义的解决方案。城市市容环境越来越注重社区文化与社会价值，同时需要体现多数市民的公共利益，因此以政府或开发商为单一主体来主导的自上而下的更新，已经难以满足现代城市长期发展的需要。只有通过形成从上而下的公众参与理念，建立从下而上的公众参与机制，利用公共价值导向的场景创造策略和场所营造方法，才能真正实现从整治到共创、共管和共治的可持续城市市容环境更新。

作者郭菲，加拿大INNOVISION设计集团、奕斐环境规划设计（上海）有限公司总裁兼设计总监，同济大学建筑与城市规划学院博士研究生

垃圾分类系统、社会演进与城市公共治理：国际经验与国内实践

文 / 王晓青

2019 年 7 月，英国全球风险和战略咨询公司 Maplecroft 发布研究报告《垃圾产生与回收指标 2019》，通过分析 194 个国家数据，指出每年全球城市固体废弃物总量已超过 21 亿吨，其中只有 16% 得到回收处理，而近 50% 则被完全废弃。其中，中国为全球固废垃圾总量第一大国，远超排名第二和第三的印度、美国，所产生的城市垃圾占全球城市垃圾总量的 15%。垃圾的减量化、无害化、资源化已刻不容缓，其对环境治理和经济发展同时产生直接影响，已成为国家和社会可持续发展的决定性因素之一。本文从国际经验和我国自身的垃圾分类历程着眼，分析梳理出人类社会的演进、生活垃圾处理方式演变以及城市公共治理的基本逻辑，并基于此提出相应的政策启示，助力垃圾分类进一步推进。

一、垃圾处理系统的国际经验

目前，瑞典、丹麦、德国、日本等国普遍在垃圾分类回收和处理利用时进行能源化循环利用，具有较好的社会、环境和经济效益，在政策、教育、管理、技术等方面有着不少值得借鉴的发展经验。

瑞典在“零废弃”运动中处于领先地位，但从其垃圾管理的先进经验来看，也需要很长时间才真正成为习惯，融入人们的日常生活。早前的瑞典也是垃圾遍地、污水横流，在政府下定决心治理环境后，垃圾分类成为首要议题。自 20 世纪 70 年代开始，瑞典就在全国范围内逐步推行循环经济发展政策，政府在垃圾收集点设立监督员，实地引导、逐个检查，并对违规者予以处罚。但以上举措却未能得到民众的配合，甚至遭到大力反对。在 1975 年，瑞典城市生活垃圾的循环利用率仅为 38%。经过一代人几十年的努力，瑞典成为世界上拥有最高垃圾回收率的国家之一，欧盟统计委员会的数据显示，接近 50%的垃圾被循环利用（其中 13%被堆肥，35%被回收），另外 49% 通过焚烧转换成热能和电能，仅有 1% 的非可再生垃圾被填埋。在当今瑞典的社会理念中，垃圾并不是废弃物，而是一种可通过不同方式处理转化为各种能源的资源。

在这一过程中，瑞典政府深度参与，“自上而下”的推动起到主导作用。具体措施包括：中央政府层面推动全民教育普及，从儿童阶段就开始培养垃圾分类的意识和习惯；明确提出“零废弃”政策发展目标，并发布废弃物减

量化的五年计划；通过立法并出台法律监督机制。1994年的《废弃物收集与处置条例》（Waste Ordinance）详细规定了生活垃圾的分类、收运与处理；1999年的《国家环境保护法典》（Environmental Code）规定了生活垃圾管理总原则、生活垃圾的基本概念以及政府在管理生活垃圾方面的职责，成为监管生活垃圾的主要法律。地方政府层面则从实际操作出发，直接参与废弃物处理制度重构，包括成立区域废弃物管理公司，完善废弃物回收设施等。例如，瑞典自1984年对易拉罐进行回收并实施押金制度，目前已建立由市场机构运营的全国统一的易拉罐、饮料瓶和玻璃瓶回收体系。此外，举国上下形成推动垃圾分类的根本动力——“保护公共利益、人人有责努力”，这一基本出发点使垃圾分类和循环经济的发展得到了较高的社会资本和支持。

与瑞典相似，日本经过三十多年的实践已形成成熟的垃圾分类制度，国民化的垃圾分类教育、精细化的垃圾分类标准和社会化的垃圾分类监督都为严格执行垃圾分类工作提供了有力保证，俨然成为日本的国民基本素质。丹麦是世界上首个考虑垃圾综合能源利用的国家，也是最早对垃圾处理进行立法的国家之一。20世纪90年代，丹麦就依法规定所有焚烧设施必须采用热电结合技术生产电力和热能，同时政府向焚烧设施经营者提供资金补贴。此外，德国的生活垃圾焚烧技术居于世界前列，早在19世纪末就建成了世界第一个垃圾焚烧发电设备，颁布《排放保护条例》《水法》等法律法规，设定垃圾焚烧设施的排放标准，政府严格监测并向国民公开信息结果。在2005年以后，德国全面禁止未经处理的垃圾进行直接填埋，避免对周围环境造成二次污染，目前德国已基本实现生活垃圾“零填埋”。

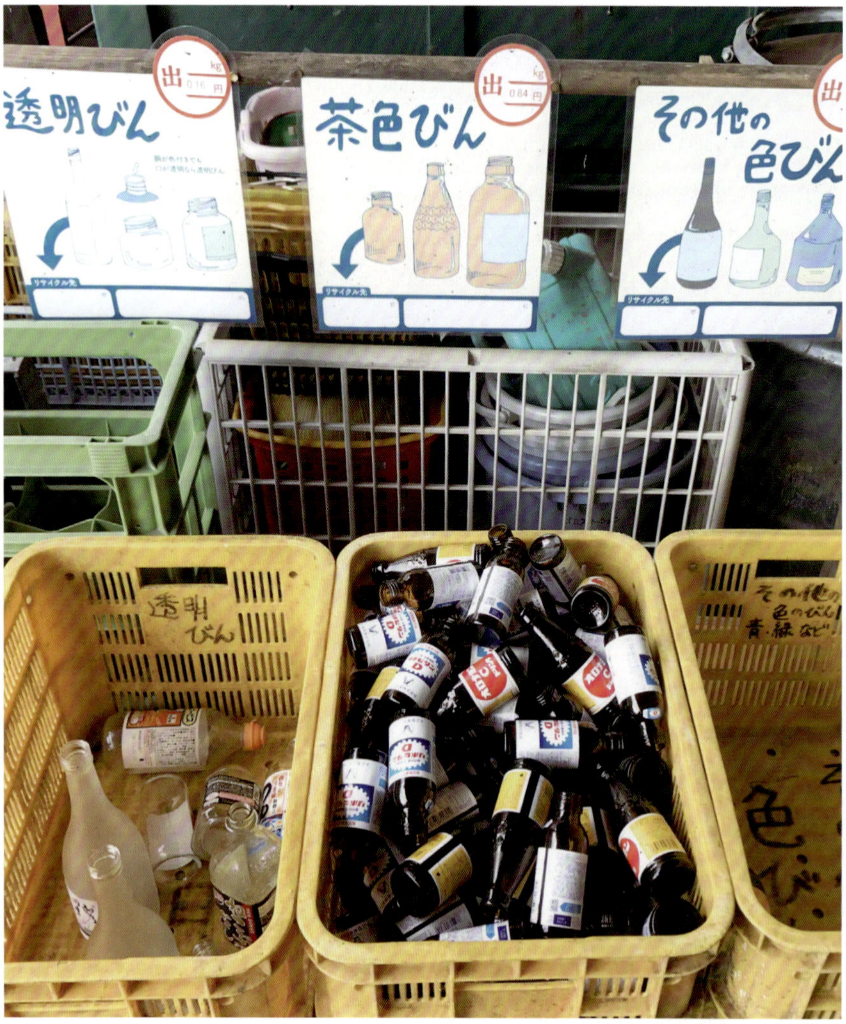

二、我国的垃圾分类历程

与欧美等国家长达几十年的生活垃圾管理经验相比，垃圾分类在我国的起步较晚，打造现代垃圾分类体系可谓任重道远。由于生活垃圾产生的内容和数量与居民生活水平密切相关，因此在不同的社会经济发展阶段，生活垃圾的处理方式呈现不同特征，与之相对应，垃圾分类在我国的历程折射出社会公共治理的演进过程。

第一阶段：经济发展水平较低、物质匮乏的计划经济年代。

在这一阶段，由于物质生活水平普遍不高，我国居民日常生活所产生的垃圾数量少且成分单一，多以餐厨垃圾和煤柴等燃料产生的无机灰渣为主，因而城市垃圾处理方式为运往市郊农村地区，用于填充坑洼或农业堆肥。

第二阶段：市场经济改革深化、商品种类日益丰富年代。

我国居民消费水平不断提高以及生

活方式的转变，城市生活垃圾在数量和成分上都发生了相当大的变化。一方面，由于清洁能源的推广使用，无机灰渣大幅减少；另一方面，随着生活水平提高和消费品种类增多，有机易腐的餐厨垃圾和含有机化合物的生活废弃品也大量增加。在城市垃圾的处理方式上，居民出于节约的习惯，将可回收的废旧物品自行分拣后售卖给废品收购站。同时，拾荒人群受经济利益驱动成为垃圾分拣回收的主力军。其后，生活垃圾多运送至填埋场或焚烧。

第三阶段：基建开发密集、城市化持续推进年代。

基建项目和生产制造业的兴起，产生大量的原材料需求。但是，国内废旧物品回收企业的管理方式和处理流程普遍粗放，所回收的废旧物品在质和量上均难以满足基建和制造业生产所需，于是分类更准确的“洋垃圾”成为替代品。据统计，1992—2018 年的 26 年间，中国每年进口垃圾量超过 1000 万吨，消化了全球 72% 的塑料垃圾。尤其在 2017 年，我国进口了美国全年一半的垃圾量。与此同时，我国不断推进的城镇化进程中，GDP 快速增长，国内人口集聚和建筑密集区域不断形成，加之城市消费模式的重大变化，尤其是电子商务潮而带来大量的外卖快递，使得自产生活垃圾数量激增、成分日益复杂。根据《2017 年中国城乡建设统计年鉴》数据，全国 661 个城市年生活垃圾清运总量达 2.15 亿吨，比 2001 年生活垃圾总量增长了近 60%。在这些被调查城市中，三分之二以上已被“垃圾围城”，现有填埋场趋近饱和。

与急速增长的垃圾数量相比，我国生活垃圾处理技术及能力的发展滞后较严重，既造成极大的环境与健康威胁，又浪费了稀缺的土地资源。考虑到其潜在风险，垃圾焚烧项目正逐渐成为当前安全高效的生活垃圾处理替代方案和主流方式之一。《中国环境统计年鉴》数据显示，2018 年有 57.2% 的垃圾被填埋，40.3% 的垃圾被焚烧，而采取其他无害化处理，用于堆肥或回收的垃圾仅为 2.5%。然而，由于生活垃圾的源头分类工作不到位，分类政策、分类标准、分类意识和分类后端环节都存在缺失，在垃圾焚烧发电过程中燃烧效率低下和可循环资源浪费的情况并存。而随着废品回收价格的下跌，城市中垃圾分类的主要承担者——拾荒人群和废品回收站数量逐渐减少，以北京市为例，2016 年约有一半的废品回收者转行。由此，无论是从国际趋势还是国内现实来看，兼顾环保需求和经济利益的垃圾分类都势在必行，应建立相关法律法规和标准体系，全面实施强制生活垃圾分类，提高回收利用率，进而形成可复制推广的分类模式和长效机制。

三、结论及政策启示

本文在城市垃圾分类处理的国际经验的基础上，着眼于我国自身的垃圾分类历程，将我国社会经济发展、生活垃圾处理方式演变以及城市公共治理体系的逻辑关系纳入分析框架。研究结果显示，垃圾分类系统的逐步成熟完善，既是顺应社会经济发展的内在需求，也体现出城市公共治理的制度演进，从垃圾分类到“零废弃”才是长效治理的最终目的。虽然国情不同，但无论是中国还是北欧、日韩等国和地区，我们认为在总体方向上有一个思路是可取的：制度化和科技化。而发达国家垃圾分类的成功经验固然值得借鉴，但仍然要符合实际国情，实行因地制宜的分类模式是我国垃圾分类的必行之路。具体而言，政府、企业和民众应成为垃圾分类收集和回收处理这一系统工程中的三个经济利益主体，多措并举、多管齐下，才能让各环节良性互动，产生正向强化效应。

首先，以政府为主导，做好顶层设计。软件方面提供国家制度保障，包括法定标准、规范和管理条例；硬件体现在垃圾运输收集、回收和处理设施上，确保多层次管理系统的有效对接。针对不同地区的经济、环境和基础设施，制定有效的垃圾分类标准，全面推进我国垃圾分类治理体系。加大基础设施配套建设力度，在较大的人口密集度和较高的经济发展水平地区，可推广垃圾自动处理系统。可推广针对每户家庭收取“基础费用 + 超量费用”的模式，与生活垃圾分类减量进行效益关联。

其次，以人为本，倡导源头减量。通过教育先行，培养国民素养，将垃圾分类纳入国民教育大纲，从幼儿园开始就要学习相关知识。多渠道向成人普及分类理念，互相监督，内化成行为准则，形成民族传统。

第三，以企业为主体，发展产业链条。鼓励企业开发绿色循环科技技术，形成经济利益驱动机制。同时应注重新技术推广的社会实用性，不能脱离我国城市废物管理现状而一味追求高新技术的推广应用。此外，可探索生产者责任延伸机制，从生产源头激励废物减量和促进循环利用，逐步建立产品回收体系。

（作者系南京雨花台区城市治理公众委员、南京审计大学副教授）

从农村违建治理谈乡村振兴

文/梅思源

党的十九大报告首先提出“乡村振兴”战略，《中共中央国务院关于实施乡村振兴战略的意见》中将解决“三农”问题作为乡村振兴战略的出发点和落脚点。通过建立健全农村内生长机制，平衡城市和农村的发展，加快推进乡村治理体系和治理能力现代化，加快推进农业农村现代化等方式，让农村成为安居乐业的美丽家园。随着农村城市化发展的不断推进，各种征地拆迁工作的开展，农村违建治理工作显得刻不容缓。

一、农村违建的定义

根据《中华人民共和国城乡规划法》第四十条第一款规定，在城市、镇规划区内进行建筑物、构筑物、道路、管线和其他工程建设的，建设单位或者个人应当向城市、县人民政府城乡规划主管部门或者省、自治区、直辖市人民政府确定的镇人民政府申请办理建设工程规划许可证。从这里可以看出，未取得乡村建设规划许可证、村镇建设规划许可证或临时建设用地审批手续进行建设的建筑是违法建筑。

二、农村违建的类型

根据建设占用土地的性质不同，农村违建可以分为：

（1）在农用地上建造的房屋。所谓“农用地”，字面解释就是直接用于农业生产的土地，其中包括耕地、林地、草地、农田水利用地、养殖水面等。根据《中华人民共和国城乡规划法》第四十一条第三款规定，在乡、村庄规划区内进行乡镇企业、乡村公共设施和公益事业建设以及农村村民住宅建设，不得占用农用地；确需占用农用地的，应当依照《中华人民共和国土地管理法》有关规定办理农用地转用审批手续后，由城市、县人民政府城乡规划主管部门核发乡村建设规划许可证。综上，在未办理农用地转为建设用地手续并取得乡村建设规划许可证，擅自在农用地上建造房屋的，属于违法建筑。

（2）在农村建设用地上建造的房屋。农村建设用地包括村民宅基地，乡镇企业用地和乡（镇）村公共设施及公益事业用地。同样根据《中华人民共和国城乡规划法》第四十一条第三款的规定，办企业，需要使用农村土地建设厂房的，应当先办理国家征地手续，将土地性质变为国有土地，取得国有土地使用权并办理建设工程规划许可证后，方可在该地块上进行建设，否则该建筑就属于违法建筑。本村村民在集体建设用地上未取得规划许可进行建设、未按照规划许可进行建设及利用过期的规划许可进行建设的房屋都属于违法建筑。

三、农村违建的由来

一是历史原因。部分没有办理房产证、土地证或因为当地一定时期因为管理制度不健全、监管职能缺位等原因导致未办理审批手续、无法办理审批手续和审批手续不全的情况，在大部分农村及较偏远地区来说仍然是一种较为普遍的现象，属于在当时被政府默许、不在禁止范围内的存在。

二是利益驱使。随着城市化进程快速推进，征地拆迁范围不断扩大，土地升值空间不断增高，在利益驱动下，部分村民在村里搭建违章建筑，用于谋取出租租金和拆迁补偿，利用政府拆迁工

作的漏洞，甚至腐蚀拆迁工作人员进行违建的拆迁合法化工作，在社会上造成严重的不良影响，并且带动了更多法律意识淡薄人员的跟风建设。

三是政府政策滞后。政府的规划应具有前瞻性和提前性，但是在城镇化进程飞速推进的时代，过长的规划往往会拖累城镇的发展，尤其在村民建设用地的土地供需方面存在较大的困难。随着“80”“90”后的成年，大量的建房需求产生，并且老百姓固有的安居乐业的思想，加上外出打工的人员返乡后也会申请建房，改善住房条件，导致各乡镇的土地供给和居民需求无法平衡。同时城镇化过快导致土地不断升值，过多的审批建房将会提高征地拆迁的费用投入，这也是抑制政府增加宅基地供给的一方面原因。越来越多显著的供给矛盾导致更多的违规建房行为发生，个别地区政府甚至一面高喊控违拆违的口号，一面为了缓解居住矛盾对违章建筑睁一只眼闭一只眼，甚至抱有“民不举官不究”的思想。

四、农村违建的治理出路

针对违建的复杂成因，结合乡村振兴战略，政府应当了解和尊重广大村民的诉求和需求，统筹城镇、乡村的发展，将农村打造的更美丽宜居。

一是加快对历史事实的认定。尽早尽快地对历史存在建筑进行甄别确认，对符合事实的落实认定、办证。对非历史遗留问题但是确实属于刚性需求的存量违建进行规划认定，对不影响规划实施的可以予以罚款保留或者罚没。对不符合宅基地管理要求的，超出一户一宅标准的进行收回。

二是科学规划，统筹兼顾城镇和乡村发展。乡村振兴战略旨在解决农业农民农村问题，要加快农村建设，解决农村农民劳动力缺失问题，让农民能够在农村幸福的生活。这些就是需要政府科学制定乡镇规划，统筹兼顾城镇发展和农村发展，合理控制搬迁造成农村村民进入城镇的情况。创新调整土地结构，将居民较少的村落进行规划、合并，在附近打造出新农村的集中区，统筹规划居民用电用水、污水处理、垃圾清运等问题，科学改善居民点的生活环境。

三是疏堵结合、缓解居住矛盾。经过土地结构调整，合理扩大宅基地供给，让刚需建房的村民能够合理地建设房屋，符合乡村规划的同时保障住房问题。同时强化执法检查，理顺权责，开展综合执法查处机制。

综上所述，农村违建有其历史原因也有社会原因，在乡村振兴战略的大背景下，坚决打击占用农田建房等行为，科学的规划、合理解决居民住房需求，统筹兼顾城镇发展和乡村发展，维护农村居民生活和农村社会稳定，保障乡村振兴战略有序进行。

（作者单位：南京市浦口区城市管理综合行政执法大队星甸中队）

从新冠肺炎防控工作看城管队员进社区

文 / 周辛国

城市治理是国家治理体系和治理能力现代化的重要内容。如何把握城市发展脉络，提升城市治理水平现代化，塑造城市特色。从城市治理角度来说，加强基层治理能力，减少执法层级，推动执法重心下沉，提升基层城市管理执法水平和效率是一条顺应城市发展潮流，符合城市治理现代化的必由之路。本文以南京市建邺区南苑街道为例，探索城市执法队员进社区的作用及成效。

2020年初的新冠肺炎疫情，不仅是对公共卫生应急管理体系的重大考验，更是对城市治理能力、城市工作水平的一次综合性考验，南京市建邺城管队员进社区的“1C”模式在此次抗击疫情中也得到了检验。

一、“1C”模式的含义

“1C”管理模式，“1”代表一线城管执法人员，“C”代表社区（Community），“1C”管理模式就是将一线城管执法人员划分至街道的每个社区（Community）。以建邺区南苑街道为例，南苑街道城管中队共计16名执法干部，其中12名执法干部一一对应，分配到南苑街道12个社区当中。进入社区的城管队员负责落实各自社区内城市管理责任和为民服务事项，有效解决了当前社区无城市管理执法权和执法人员不足的困境，让城市管理和服务与群众无缝衔接，大大提升了城市管理执法和服务群众的效能，实现城市管理工作无死角、全覆盖，以点带面，面面俱到。

二、“1C”模式在防疫中发挥的作用

（一）规范化制度阻断二次污染

此次新冠疫情期间，检查居家观察户生活垃圾收集桶和废弃口罩回收桶时，进驻社区的城管队员总结出了“五个一”和“四步法”工作准则，“五个一”是指进驻社区的城管队员牵头建立由一名城管队员、一名社区工作人员、一名物业负责人、一名消杀负责人、一名消杀员的防疫垃圾桶检查微信工作群，便于随时检查，发现问题及时与责任方取得联系并解决问题，防止废弃口罩和居家观察者生活垃圾造成的“二次污染”。“四步法”是城管队员检查“两桶”的标准，即第一步是否设置专用桶；第二步设置是否符合规范、有无套袋使用；第三步物业负责人员是否知晓收集、消杀、清运流程；第四步是否有消杀工作台账。

（二）高效率反应促进市容改善

在“九小场所”复工检查期间，进驻社区的城管队员为各自社区“九小场所”检查的第一责任人，负责该社区“九小场所”检查。全面复产复工迎来高潮时，大街小巷的沿街商铺贴满了过期的防疫宣传单页和一些杂乱张贴，严重影响了市容环境面貌。社区城管队员第一时间发动各自社区的社区工作人员、小区物业、商铺老板，共同对乱张贴和过期的防疫宣传单页进行清理整治，提升了工作布置和落实的效率，亮化了街面形象，实现了城市治理共治、共享。

三、“1C”模式的优势

（一）明确职责范围，提升执法水平

为推动城市治理水平的不断提升，聚焦城市管理领域重点、难点和突出问题，“1C”模式打破了原有的街道中队一个队员负责一项权责事项的工作模式，探索以城管队员进社区模式，从原有的“小城管”转变为职能全覆盖的“大城管”模式。进驻社区的城管队员要负责社区内市容环卫责任区、工地渣土管理、户外广告管理、违法建设查处、环境卫生管理、垃圾分类等多项执法事项，对城管队员自身的素质和执法能力有了较高要求，能够有效激励城管队员主动加强学习，提升执法能力、法律法规水平和解决问题能力，这一转变进一步提升了基层城市管理执法效能，更促进了基层执法水平提升。

（二）管理方式便捷、快速，执法效率显著提升

“1C”模式结合“以点带线、以线控面”的管理方式，继续巩固、提高城市治理水平。以社区为“点”，盯紧重点部位，社区发现问题，及时联系社区城管队员到场解决，将社区内的城市管理问题解决在社区内，在重点时段盯紧社区内集贸市场、重要景点、重要场馆等重点部位周边，加大巡查管控和整治力度。以道路为“线”，管好主次干道，依托数字城管监控视频，定期分析巡查重点和案发规律，科学制定和调整日常巡查和重大活动专项巡查路线，开展道路沿线的占道经营、二手车商户占道摆放、违规户外广告等专项整治行动，将辖区主次干道打造成整洁、靓丽的城市风景线。

（三）老百姓身边的城管，为民服务零距离

“1C”模式通过提高与社区之间的信息互通，能够做到精准掌握各类民生突出问题并及时协调处置化解矛盾，实现社区城管网格化。进驻社区的城管队员与社区工作对接，辅助社区完成社区责任片区内的脏乱差治理工作以及对突出矛盾问题的协助化解工作，了解群众反映的突出问题，及时有效处置解决。以往群众诉求解决城市管理问题的渠道主要是通过“12345”政务平台反映有关问题，由平台派单到辖区城管中队，再由中队安排城管人员进行调查处置。而“1C”模式下，老百姓关心的占道经营问题、环境卫生脏乱差问题、背街小巷停车问题等一系列城市管理“老大难”问题可以直接反映给社区城管，社区城管根据执法权限可以直接对这些民生问题进行处置，有效提升了群众满意度、幸福感。同时，社区城管队员通过指导各社区工作人员的法律法规学习，提高城市管理法律法规的知晓率，更是有效避免了小问题积累成大矛盾，从源头化解了一些城市管理中的问题和矛盾。

社区作为城市的基本单元，离群众最近，是群众生活的大舞台。治理好社区内的城市管理问题，关系到民生改善和群众幸福感提升。整洁了百姓门前路、点亮了百姓窗外灯，实际上是抚平了怨气、照亮了心路、解开了心结、拉近了关系。城管队员进社区模式给社区治理注入了新的力量，提升了基层治理能力和城市治理水平，但还存在一定的不足和问题，需要不断的探索、优化。但不可否认，城管队员进社区模式是一项高效、便捷、合理的管理模式，符合当前城市管理执法体制改革的大方向，是城市治理精细化、科学化、现代化管理的发展道路。

（作者单位：南京市建邺区城市管理执法大队）

浅析“非接触性执法”的必要性及推广的几点思考

文 / **朱翰宇**

纵观全球，城管并非中国独有，但中国的城管却遭受着诸多非议。各国不同的国情导致了中国城管这支年轻的执法队伍无法随意贸然地借鉴其他国家的城市管理经验，而只能在摸索中不断前行。随着城市发展的不断壮大，信息传播的愈加全面，城市管理的重要性也逐渐被人们所接受。

2015 年 12 月，中央城市工作会议在北京召开，工作会议文件《中共中央国务院关于深入推进城市执法体制改革　改进城市管理工作的指导意见》印发，就深入推进城市管理执法体制改革，改进城市管理工作提出明确要求，要求推进城市管理综合执法，实现数字化城市管理的“五位一体”智慧化升级。这是中华人民共和国历史上第一次以党中央、国务院名义发出的关于城市管理与城管执法工作的重要文件。

2017 年 1 月，《城市管理执法办法》（住房和城乡建设部令第 34 号）发布，对城市管理执法工作进行了规范。

党的十九大报告中，更是提出了“法治素养”一词，这不仅是对国民法治观念的培养提出了要求，同时也对我们城管的执法工作指明了方向。为了全面贯彻党的十九大精神，以习近平总书记新时代中国特色社会主义思想为指导，同时遵照《法治政府建设实施纲要（2015—2020 年）》的要求，城管执法方式的改革迫在眉睫，而“非接触性执法”就是在这一时期出现的新名词。

一、“非接触性执法”的概念及优势

所谓“非接触性执法”，即执法人员利用信息技术手段获取有关当事人违法事实的证据材料，形成当事人“零口供”下的完整证据链；再通过留置或邮寄送达等方式，完成“零接触”下的告知程序；最后通过法院非诉执行，保障行政处罚执行到位。

以往的城管执法工作一般通过“物品暂扣”这种单一的方式进行，即通过对当事人经营物品或施工工具的暂扣作为“筹码”，换取当事人前往违章处理点对违法行为进行处理。但是暂扣过程往往会遇到当事人反抗，并且有围观群众起哄等不确定因素，导致现场矛盾增加、气氛紧张。在日常的执法过程中因此时常产生执法冲突，甚至暴力抗法也是屡见不鲜。

而“非接触性”执法方式的出现，使得城管执法者在执法过程中不以物品暂扣为执法手段，这就减少了当事人的反抗情绪，从根源上减少了城管执法队员与当事人之间发生冲突的可能性。而随着信息化的不断发展，个人信用也越来越多地被人们重视，未来“非接触性执法”必将被越来越多地使用在城管执法者的日常生活中。

二、“非接触性执法”对城管执法提出新的要求

全新的执法方式，也对城管提出了新的要求，有可能遇到的问题也定是前所未有的。

一方面，对城管执法者的取证提出了新的要求。非接触性执法的完善不单单是靠某一张的照片证明，更是要依赖现代化的设备，时间、地点、违法行为都需要完整地记录在照片视频当中。同时也要求城管的执法语言、执法流程必须要更加规范化、程序化，这样才能让后期形成的证据链经得起推敲，使得证据链更加的合法、合理。不合规范的查处过程只能使得到的证据链不具有合法性，也就达不到“非接触性执法”的要求。

另一方面，城管在执法过程中难免会遇到不配合的当事人，这时证据、信息的采集过程就显得更加重要。随着现代城市居民生活水平的不断提升，移交到城管部门代为执行的权限越来越多，城管工作的执法对象也发生了巨大的改变，不再以“小摊小贩”为主。城管执法遇到的当事人可以是自然人，也可以是企业(单位)。在《中华人民共和国居民身份证法》中明确规定，只有在人民警察出示执法证件后方可查验居民身份证。所以未来“城警联动”“联合执法”等多兵作战方式都将会纳入非接触性的执法方式当中。但是，在城管部门日常工作中，不可能随时保证有警察跟随执法，那么这时候城管“非接触性执法”的执法对象更多地是面对那些有门面、悬挂有《营业执照》或其他证明的店家商铺。故在未来“非接触性执法”的过程中，就需要我们的执法队员确保在合法履行执法程序的同时，细心留意店家信息的准确性，并保证这些信息证据能够出现在我们的证据链中。

三、“非接触性执法”的推行困难

“非接触性执法”强调证据收集，相比较以往简单粗暴的暂扣执法，对于一线的城管队员来说烦琐了不少，这就要求我们队员耐心按照程序合法合规地进行执法工作。同时也对我们现有的执法流程提出了改进要求。作为一支年轻的执法队伍，城管的执法流程大部分借鉴了二十多年前的公安等执法部门的流程。但是随着社会的不断进步，公安等部门的执法流程早已在合理范围内减少了流程中的不必要步骤。而城管的执法却依然停留在冗长的“说理式”卷宗文书中。在信息化不断进步的今天，城管队员依然需要在现场花费大量的时间填写《现场检查/勘验笔录》和《现场笔录》。近千字的情况说明不亚于一篇高考临场作文，除此之外还需要详尽的地图描绘，这些都耗费了执法队员及当事人大量的时间与精力。这一期间内，当事人心情的变化、围观群众的评论都会成为我们执法过程中的不安定因素，给我们的正常执法造成困难。笔者粗略估算了一下，如果按照现有的现场执法流程进行操作，往往需要消耗半小时甚至一小时的时间。虽然在法理上这样的执法过程是经得起推敲的，但是几乎不具有可操作性。所以，执法流程的精简、执法文书的改进都成为“城管规范化建设”以及“非接触性执法”的重要课题之一。

四、“非接触性执法”的试点经验及遇到的难点

2019 年 4 月起，南京市秦淮区城市管理综合行政执法大队洪武路中队开始在全市范围内率先试点“非接触性执法”，执法范围涉及占道经营、倚门出摊、乱倒污水等多种城市管理日常中遇到的违法行为。

在近三个月的试点操作中，洪武路中队共进行了“非接触性执法”40 余例，大部分的经营者都会在开具《责令改正通知书》后对自己的违法违规行为有一个清楚的认识并进行改正。对于 20 例无视责令整改的违规经营者，执法中队在采集齐相关证据后开具《当场处罚决定书》，并现场告诫若不履行相关义务有可能造成的后果。其中 14 位经营者及时改正了自己的违法行为并缴纳了行政罚款。“非接触性执法”所带来的成绩也逐渐体现在秦淮区城管考核排名中。

同时在试行过程中，洪武路中队的执法队员也遇到了很多难点，主要体现在以下几方面：

（1）企业的营业执照和个体工商户个人信息采集现阶段对于城管推行非接触性执法比较困难。建议专门建立企事业单位及个体工商户的信息库，以便进行相关查处，并以城市治理办公室牵头建立全区企事业单位及个体工商户的信息库，以达成信息资源共享的目的。

（2）执法队员在执法现场需要严格遵循执法流程并运用执法语言，运用好执法记录仪等执法装备，告知违法行为人的违法行为、触犯的相关法条及后果。对于违法行为需进行有效的证据采集，为后期的行政处罚工作形成完整的证据链。

（3）非接触执法过程中，若当事人拒不履行相关责任，根据《中华人民共和国行政诉讼法》的有关要求，需要等待六个月的诉讼期，期满后才可以申请法院强制执行，过长的周期使得执法效率低下。针对该问题还需多部门联合探索合理合法的执法流程。

2016 年，城管部门划归到住建部。近二十年城市管理散养式的摸索终于迎来了一个彻底改变的机遇。2016—2019 年短短的 3 年，我们不难看到社会舆论百姓口碑都逐渐形成了扭转之势。“非接触性执法”理念的出现，不仅仅是城管执法方式的改变，更是为城管形象的提升提供了千载难逢的机遇。

以人为本，不忘初心。

相信通过城管人的不断努力，我们的城市形象都会不断提升。城管执法也会成为提升“法治素养”的坚固基石。

（作者单位：南京市秦淮区城市管理综合行政执法大队）

城管发文允许临时占道经营 “人性化”措施获舆论点赞

文 / 张妍

成都、昆明两地发文允许占道经营

《昆明日报》3月26日报道，昆明市城市管理局有意进一步调整占道经营治理工作的相关政策，通过在部分区域开展引摊入市试点，分时段、分区域允许部分街道出摊占道经营等方式，满足更多市民和摊贩生活需要。

报道称，昆明拟计划结合占道经营治理实际，将全市划分为绝对禁止区域、相对禁止区域、引导区域进行管理。在绝对禁止区域，形成城管、公安联合执法机制，加强巡查检查，对占道经营行为“零容忍”；在相对禁止区域内，辖区可根据实际，适当允许临街商家在不影响行人通行的情况下，出店经营、店外促销宣传；在引导区域，辖区政府（管委会）、街道办事处可以在不影响市民正常生活、保证环境卫生整洁等前提下，可从解决占道经营者的生计问题入手，适当开辟一些经营场地，组织开展引摊入市工作。

就在不久之前，成都市城市管理委员会、城市管理行政执法局也发布了《成都市城市管理五允许一坚持统筹疫情防控助力经济发展措施》的文件，明确允许设置临时占道摊点摊区、允许临街店铺越门经营、允许大型商场开展占道促销、允许流动商贩贩卖经营、允许互联网租赁自行车企业扩大停放区域，同时坚持柔性执法和审慎包容监管。成都此举在舆论中也备受好评，一时间还冲上了网上热搜榜。

占道经营：城市治理难点

占道经营，是指经营者占用城市道路、桥梁、城市广场等公共场所进行营利性买卖商品或服务的行为。这也是各大城市治理的“老大难”问题，如何处理“疏”“堵”之间的矛盾成了城市管理者们最大的考题。在百度搜索的主题中，占道经营相关结果达 3650 万个。

占道经营经常堵塞道路，影响交通，并且容易造成垃圾遍地、污水横流等环境卫生方面的问题。但同时其也方便了一些群众的就近购买和保证了一些自由职业者的生存，这样就产生了矛盾。一方面关系到城市的管理，一方面关系到一部分人的最低生活保障（也就是生活来源），也就很容易造成最直接的利益冲突，致使很多的暴力执法和暴力抗法等情况的发生，从而更激化了人们的反抗情绪并增加了社会矛盾。

面对这种情况各地方也出台各种文件，要求文明执法，治理疏通等，但情况并不乐观。大多都是因为疏通较难，有的地方政府划出区域给流动经营者从事经营，但效果并不理想，其最后很多都成了“变味”的流动市场。也有很多城市由于没有太多的空闲场地而没有办法划出区域，以至于很多的流动商贩是撵了就走，不撵就回来，和城管玩起了“游击战”，占道经营始终得不到根本解决。

2016 年，苏州工业园区多家烧烤店占道经营，城管部门也加大了执法力度，但效果不理想。为此，城管部门尝试了一种全新的执法方式：在这条商业街上，摆满一排排的大型绿化树箱，种上 415 棵桂花树，还真把占道经营“挤走”了。

对此，有媒体指出，占道经营不好，占道治理就好吗？说到底，“道”终究还是被占着，不过是换了个主体、破坏性相对小些而已，并未达到真正的治理效果。城管执法不能从一个极端走向另一个极端。很多时候，过度的人性化不过是懒政的代名词。相比之下，以占道的方式治理占道经营更加省时省力，更容易收获看得见的效果，但一味地“堵”，显然缺乏管理智慧和责任心。

“人性化”措施获舆论点赞

占道经营宜疏不宜堵，当前疫情防控常态化，各地都在加快复工复产，地方政府出台允许占道经营的政策，自然获得了舆论一片点赞。

红网表示，及时关注复工复产过程中的个体生计，在确保不影响居民、交通和不扰乱市容环境秩序的情况下，允许小摊小贩临时占道经营，主动替小商户恢复经营排除阻碍，一定程度上抚平了疫情带给人们的“伤痛”，让普通民众感受到所在城市的温度，提振对抗“疫”的勇气和信心。

新华网则认为，特殊时期的破例之举是成都在答好疫情防控“必答题”之外，选择的颇具“人情味”的附加题。与此同时，新京报网指出，疫情期间，街上人流并非像往日一样熙攘，一些便民的蔬菜流动摊位，对市容环境和交通不仅无甚影响，还能为附近居民生活提供便利，带动街巷活力回升。可以说，允许临时占道经营，也是当地在充分考虑实际情况后才做出的审慎而又精细的决定。

当然，也有声音指出，允许临时占道经营只是第一步，后续还需有关部门优化统筹，提升治理能力。大河网表示，城市管理部门并非只负责管理了事，其更是肩负着服务经济发展、为商户解决困难，推动商家复工复产的职责。千龙网则认为，接下来商家还要思考如何优化店铺的营业流程和产品服务品质，将居家市民吸引过来，参与到经济复苏大潮之中，重拾对美好生活的信心与期望。

区别对待，拒绝“一刀切”

2019 年 10 月，昆明市城市管理局和国家统计局昆明调查队联合行动，开展昆明市占道经营流动摊贩生存及发展现状专题调查，调查结果显示，流动摊贩主要呈现年龄大、文化程度低的特征，摊贩家庭面临最多的困难是没有生存保障。同时，缺乏职业技能、时间灵活等原因导致摊贩选择流动经营。九成以上受访摊贩都表示清楚占道经营对城市管理造成的影响，也表示愿意理解、支持城市管理执法，并且反映希望政府在人流量大的地方提供价格低廉的固定摊位。

占道经营商贩中，很多都是无业人员或者是农民，他们由于没有收入来源被迫出来进行经营，其生活比较不易，既不可能都进入到正规的市场，也不可能租用昂贵商铺来卖货。其实对于这些人还是比较好疏通管理的，只要划出一定的区域，这些人基本上是愿意的，也不至于不好管理。很多时候其实并不是这些人在故意占道经营，而是一些商铺经营者在占道经营，很多商铺经营者把商品摆在店铺外边，包括烧烤店、小超市、五金店等，这些才是应该真正需要管理的。

所以，城市管理部门在允许临时占道经营的同时，对于各种占道经营应该区别对待，以积极疏通为本，专项治理为辅，坚决取缔有固定经营场所的占道经营。只有这样才能使社会更和谐，才能使得城市秩序更完善，而不是一刀切，只“治”不“理”，造成社会矛盾，“制造”暴力执法和暴力抗法。

（作者系人民网舆情分析师）

城管舆情：疫情期间，严格执法更应依法依规履职

文 / **刘谨**

百度搜索指数（2020 年一季度）

1 月 1 日至 3 月 31 日，正值新型冠状病毒疫情暴发、全民投入疫情防控阻击战之际，此阶段城管队伍的主要工作也是围绕全民战“疫”展开，通过人民网舆情监测系统以“城管”为关键词搜索，标题涉及城管的相关站内信息为 57305 条。百度搜索指数显示，在本次统计周期内，城管头条新闻数基本保持在单日 300 条以上波动，整体日均量在 533 条。其中，3 月 3 日，达到本次统计周期内的峰值 1116 条。

通过人民网舆情监测系统进行排重处理，除城管常规工作动态消息外，主要舆情包含以下三类，均与疫情防控工作相关。

一、城管暴力执法 警方依法处置

事件一：据《南方都市报》报道，多段网传视频显示，3 月 2 日上午，武汉市江汉区新湾路一小区外，多名身穿制服的城管执法人员对一名黄衣男子大打出手，有人持手机在一旁录像。随后，一名灰衣女士捡起地上的货框试图击打城管执法人员，但被他人拉开。视频发布者介绍，黄衣男子是阿拉加鲜生盛世江城店的一名员工。事发时，黄衣男子正进行配菜分拣工作，因为需要分拣菜品比较多，所以有几个配菜筐放在了店外。3 月 2 日 8 时许，多名身穿制服的城管执法人员来到店铺，称不能违规营业，随后双方发生肢体冲突。

后续：3 月 3 日 9 时，武汉市江汉区政府办公室官方微博通报证实城管人员与店员发生肢体冲突。目前公安部门正在调查处置。汉兴街工委和纪工委对发生冲突的城管人员吕某某、蒋某某、李某某予以辞退，对负有管理责任的汉兴街公共管理科相关负责人予以立案调查。江汉区纪委将依纪依规对街道相关负责人追责问责，绝不姑息。江汉区新型肺炎疫情防控指挥部要求各街道部门以此为鉴，举一反三，落实好疫情防控相关规定。

事件二：据《南方都市报》报道，

3月27日，网传在华强北步行街有外卖员被多位市容巡查员连人带车拖行数米，此后，又有一红衣男子上前声援外卖员，随后与市容巡查员发生肢体冲突，冲突中男子遭到飞踹。

后续：3月28日凌晨1时许，福田警方发布通报，经查，3月27日13时30分许，外卖员张某在商业步行街骑电动车通行，市容巡查员藏某在制止过程中，致张某腿部受轻微伤，引发市民围观。期间，队员藏某、陈某与一名围观人员黄某发生言语冲突后，对黄某进行殴打。根据《中华人民共和国治安管理处罚法》第四十三条规定，警方依法对殴打他人的藏某、陈某分别处以行政拘留15日并罚款1000元、行政拘留10日并罚款500元的行政处罚。

点评：互联网时代，人人都有麦克风、摄像头，这两起事件都有视频记录，在被网友曝光后，视频在网上引起广泛传播。其中，事件一在百度搜索中，相关结果约66900个。舆情汹涌，地方政府和警方也立即着手调查，回应舆论关切。武汉江汉区政府在事件发生后24小时就通过官方微博发布消息，通报最新处理结果；福田警方通报时间更短，只用了短短12小时。政府部门公开透明的态度，也得到了网友的点赞，云南省昭通市网友qjxx000说，“不是临时人员，点赞！”江苏网友痞子蔡2727说，“先辞退这帮混混，再对负责人立案调查，只要是立案调查，牵扯的人会很多，这帮混混自然也逃不掉。虽然不知道结果如何、比起以前动不动就警告，谈话最后不了了之的态度好多了。”

尽管两起事件均有了处理结果，但这两起事件的爆发，对城管队伍形象却造成了不良影响。河南郑州网友0goojJ就感叹，“城管在这种严峻形势下都不知收敛，平时得多张狂啊。”火星网友更是直言，“城管真的管事太宽了……房主贴个门面出租加停车收费50元，城管也要撕，真的是有点权利都无限放大，怎么不惹老百姓恨？”

二、履行职务不当 镇党委责成改正

事件：《南方都市报》报道，2月18日“湖北鄂州一店铺商品遭城管没收”的视频引发网友热议。监控视频显示，鄂州市鄂城区一家小店铺内，疑似城管等多个执法人员正从店铺中搬出多箱商品。有网友质疑执法人员执法措施不当。

进展：2月20日8时52分，鄂州市人民政府新闻办公室官方微博发布情况说明，视频发生在鄂州市鄂城区长港镇的钱氏鞭炮副食店。依据长港镇新冠肺炎疫情防控指挥部要求，2月17日起，长港镇辖区内市场主体除了2家超市和5家药店外，其他经营户一律关停。联合整治专班在巡查时，发现钱氏鞭炮副食店仍在营业。随后，联合整治专班对该店铺部分商品进行了扣押，并开具了扣押清单，关停店铺。执法过程有执法记录仪全程录像。

情况说明显示，长港镇党委针对这起执法方式比较简单、程序不够严谨的问题进行调查核实后，委派镇人大主席代表镇疫情防控指挥部向店铺业主徐某赔礼道歉。同时，责成联合执法专班退还扣押商品，并对相关执法人员进行了批评教育。

点评：这一事件在网易新闻中，有513人参与讨论，136评论。但舆情并未呈现一边倒的情况。广东汕尾网友认为，“凭啥啊，超市能营业，小卖店就不能营业？”也有河北网友表示，“明明是店主违规营业，政府正常执法，为什么要政府道歉？把全部视频放出来不就清楚了吗？”但从长港镇党委处理结果来看，主要是这起执法方式比较简单、程序不够严谨，所以才给店主赔礼道歉，退还扣押商品，批评教育相关执法人员。

疫情期间，城管队伍严格执法无可厚非，但不能因为疫情，忽略了执法程序，代之以简单粗暴的执法方式。而这也是作为一名执法者，时刻必须警醒的一点。

三、涉嫌干扰妨害城管执法 依法依规处置

事件一：《封面新闻》报道了一起在疫情防控期间进入会所，并使用不文明语言，涉嫌干扰城管队员执法的事件。2月16日16时22分，南充市顺庆区公安接警，顺庆区综合行政执法局东南执法大队请求派出所出警，协助对玉带南路二段“格兰会所”进行检查。接警后，民警赶赴现场检查，发现该会所内有何某（男，61岁，高坪区人，会所守门人）和陈某（男，51岁，顺庆区人，南充市公安局治安支队政委）两人，未发现有其他人员。据了解，当日，陈某受朋友李某之托前往该会所为其送口罩，在等候李某时遇城管队员检查并发生口角。

进展：2月19日凌晨，四川省南充市公安局发布警情通报：陈某在疫情防控期间，进入会所并使用不文明语言，涉嫌干扰城管队员执法，造成不良的社会影响。南充市公安局决定对其采取停

止执行职务的措施，由市纪委监委驻市公安局纪检监察组开展进一步调查。陈某也对自己使用不文明语言的行为当面向城管队员道歉。

事件二：据《成都商报》报道，公诉机关指控：2020年2月3日10时许，在新冠肺炎疫情高发期间，四川南充顺庆区综合行政执法舞凤中队副队长胡某按照上级要求，带领队员在北门市场外巡逻，并劝说群众佩戴口罩。被告人黄某某未戴口罩，城管队员唐某、陈某劝说其佩戴口罩时，黄某某拒不听从劝说并动手打唐某，将唐某身上的执法记录仪打掉，后陈某继续告知应该佩戴口罩，黄某某又一下打在陈某脸上，并且掏出身上的剪刀刺向执法队员，将唐某的大腿及手臂多处刺伤，后又继续辱骂执法队员。经鉴定，唐某所受损伤程度为轻微伤。

进展：2月13日15时许，顺庆区检察院对被告人黄某某在新型冠状病毒疫情防控期间犯妨害公务一案向顺庆区人民法院提起公诉。公诉机关认为被告人黄某某以暴力方式妨害顺庆区综合行政执法局工作人员执行公务，其行为应当以妨害公务罪追究刑事责任。

点评：城管队员在执法过程中，难免遇到各种突发情况，但作为一名执法者，必须依法依规保护自身的合法权益，而不是以暴制暴。以法律为准绳，才能切实保障自身权益，才有公平正义。对于上述事件，网友也呈现了一边倒的态度。129名网友参与讨论，其中39人点赞。海南网友五指山清水表示，严惩一个、教育一批，应从快从重判处！

（作者系人民网舆情分析师）

关于对某房地产项目偷面积违法建设的处理案例分析

文 / 汪潜 祁凡

案情简介

2018 年 12 月 18 日，南京市六合区城市管理行政执法局接到南京市规划和自然资源局六合分局来函，反映某公司建设的位于南京市六合区雄州街道某社区 11#、12# 地块 A、B 分区（某小区四期、二期）等项目，四期地上建筑面积超出建设工程规划许可证（建字第 32011620161xxxx 号）698.4 平方米，二期地上建筑面积超出建设工程规划许可证（建字第 32011620161xxxx 号、建字第 32011620151xxxx 号）1647.1 平方米。根据《南京市建设项目建筑面积管理办法》（宁政规字［2017］7 号）第六条第一款第（二）项之规定，属于建设项目超建面积超出合理误差范围，地上总建筑面积超出土地出让合同规定的地上总建筑面积的，按违法建设处理。根据《中华人民共和国城乡规划法》第六十四条的规定，属于无法采取改正措施消除影响的情形。该局遂立即安排执法人员前往并调查核实情况。

经执法人员调查，该建设项目分为二期和四期，经实测，二期地上总建筑面积超出建设工程规划许可证面积 1647.11 平方米，超出土地出让合同规定的地上总建筑面积 979.47 平方米；四期地上总建筑面积超出建设工程规划许可证面积 689.35 平方米，超出土地出让合同规定的地上总建筑面积 697.67 平方米。

根据《中华人民共和国城乡规划法》第四十三条第一款的规定：建设单位应当按照规划条件进行建设；确需变更的，必须向城市、县人民政府城乡规划主管部门提出申请。依据调查结果，该项目涉嫌违规。

依据《中华人民共和国城乡规划法》第六十四条的规定：未取得建设工程规划许可证或者未按照建设工程规划许可证的规定进行建设的，由县级以上地方人民政府城乡规划主管部门责令停止建设；尚可采取改正措施消除对规划实施的影响的，限期改正，处建设工程造价百分之五以上百分之十以下的罚款；无法采取改正措施消除影响的，限期拆除，不能拆除的，没收实物或者违法收入，可以并处建设工程造价百分之十以下的罚款。

《南京市城市管理行政处罚权自由裁量权基准》对未按照建设工程规划许可证的规定进行建设，无法采取改正措施消除影响，不能拆除的规定：违建面积超过核准面积的 1%，或者违建总面积大于 500 平方米的，没收实物或者违法收入，并处整体造价 1% 的罚款。我局经集体讨论研究决定，没收违法收入共计人民币贰仟壹佰陆拾玖万叁仟柒佰陆拾壹元整（￥21,693,761.00 元），并处罚款肆佰柒拾柒万玖仟伍佰陆拾元整（￥4,779,560.00 元）。

争议焦点

经过六合区城市管理行政执法局重大案件会审，该案存在以下几点争议：

第一，对该项目超建面积应该采取拆除还是没收？

第二，对该项目超建面积没收价款如何计算？

第三，对该项目超建行为的罚款如何计算？

案件分析

一、关于对该项目超建面积应该采取拆除还是没收。《中华人民共和国城乡规划法》第六十四条规定：未取得建设工程规划许可证或者未按照建设工程规划许可证的规定进行建设的，由县级以上地方人民政府城乡规划主管部门责令停止建设；尚可采取改正措施消除对规划实施的影响的，限期改正，处建设工程造价百分之五以上百分之十以下的罚款；无法采取改正措施消除影响的，限期拆除，不能拆除的，没收实物或者违法收入，可以并处建设工程造价百分之十以下的罚款。《南京市建设项目建筑面积管理办法》第六条第一款第（二）项规定，建设项目超建面积超出合理误差范围：2. 地上总建筑面积超出土地出让合同规定的地上总建筑面积的，按违法建设处理，依法进行拆除，不能拆除的，对超建面积（含合理误差部分）建筑部分予以没收，并处罚款。住房和城乡建设部《关于规范城乡规划行政处罚裁量权的指导意见》第七条规定：第四条规定以外的违法建设行为，均为无法采取改正措施消除对规划实施影响的情形。南京市规划和自然资源局六合分局《关于对某公司违法建设行为进行处理的函》认定该违法建设属于无法采取改正措施消除影响的情形。根据以上规定和相关材料，该违法建设可以采取“拆除，不能拆除的，没收违法收入”的措施。《南京市房产测绘成果报告》显示：该违法建设实际超建部分是按整幢楼为单位测算出的超建面积，无法确定具体的超建部分，且江苏方测建筑工程技术有限公司提供的《检测鉴定报告》鉴定结论显示：经综合分析，所检房屋为框架剪力墙结构体系（框架结构体系），均采用现浇混凝土剪力墙（混凝土柱），梁、板承重，若拆除部分超容结构构件，对原有结构的整体性、构件的承载能力、房屋的后续使用性会产生一定的不利影响，建议不宜拆除。

结合上述因素，根据住房和城乡建设部《关于规范城乡规划行政处罚裁量权的指导意见》第九条规定：第八条所称不能拆除的情形，是指拆除违法建设可能影响相邻建筑安全、损害无过错利害关系人合法权益或者对公共利益造成重大损害的情形。

综上所述，六合区城市管理行政执法局决定对超建面积的建（构）筑物单体出售所得价款予以没收。

二、关于对该项目超建面积没收价款如何计算。住房和城乡建设部《关于规范城乡规划行政处罚裁量权的指导意见》第十一条规定：第八条所称违法收入，按照新建、扩建、改建的存在违反城乡规划事实的建筑物、构筑物单体出售所得价款计算；出售所得价款明显低于同类房地产市场价格的，处罚机关应当委托有资质的房地产评估机构评估确定。根据江苏天元房地产评估造价集团有限公司提供的《房地产估价咨询报告》，该项目二期一般住宅超建面积评估价为10276272元，A座商业综合楼超建面积评估价为2363730元，合计12640002元。四期一般住宅超建面积评估价为8675341元，商业综合楼超建面积评估价为378418元，合计9053759元。且根据该公司提供的《商品房预售许可证》和《南京市商品住房申报价格表》，与江苏天元房地产评估造价集团有限公司评估价基本一致。结合上述规定和相关材料，该局决定对该项目超建部分没收价款21693761元。

三、关于对该项目超建行为的罚款如何计算。根据住房和城乡建设部《关于规范城乡规划行政处罚裁量权的指导意见》第十二条规定：对违法建设行为处以罚款，应当以新建、扩建、改建的存在违反城乡规划事实的建筑物、构筑物单体造价作为罚款基数。已经完成竣工结算的违法建设，应当以竣工结算价作为罚款基数；尚未完成竣工结算的违法建设，可以根据工程已完工部分的施工合同价确定罚款基数；未依法签订施工合同或者当事人提供的施工合同价明显低于市场价格的，处罚机关应当委托有资质的造价咨询机构评估确定。江苏天元房地产评估造价集团有限公司提供的《房地产估价咨询报告》显示：XXXX城二期工程造价211075950.51元，XXXX城四期工程造价266880000.36元，合计477955950.87元。根据《南京市城市管理行政处罚权自由裁量权基准》对未按照建设工程规划许可证的规定进行建设，无法采取改正措施消除影响，不能拆除的规定：违建面积超过核准面积的1%，或者违建总面积大于500平方米的，没收实物或者违法收入，并处整体造价1%的罚款。该局决定对该项目处整体造价1%的罚款，即4779560元。

案情点拨

由于该案案情重大复杂、法律依据较多、专业性较强、罚款数额较大、社会关注度较高等诸多因素，为确保该案达到事实清楚、证据确实充分、程序合法、处罚合理公正等要求，六合区城市管理行政执法局上下高度重视，专门抽调工程、法律方面的业务骨干成立专案小组进行办理，并邀请法律顾问对该案法律法规的适用、证据、程序以及自由裁量权等方面进行专业把关。聘请了第三方房地产评估公司对该案的整体面积、超建面积、工程造价、出售所得价款等方面进行专业评估。由于超建部分是按整幢楼为单位进行测算且无法确定具体部位，故对拟采取拆除的处理措施，聘请第三方房屋安全鉴定公司进行专业鉴定。

（作者单位：南京市六合区城市管理局）

推进城市治理体系和治理能力现代化

● 文 / **本刊编辑部综合报道**

2020 年 3 月，习近平总书记赴浙江就杭州运用城市大脑推进城市治理体系和治理能力现代化进行调研考察。

杭州城市大脑总架构师王坚介绍表示，杭州城市大脑是为城市生活打造的数字化界面，它的建设起步于 2016 年，目前包括公共交通、城市管理、卫生健康、基层治理等 11 大系统 48 个应用场景，日均协同数据 1.2 亿条，做到“数字治堵”“数字治城”“数字治疫”。

习近平总书记对杭州市运用城市大脑提升交通、文旅、卫健等系统治理能力的创新成果表示肯定。他强调要运用大数据、云计算、区块链、人工智能等前沿技术，推动城市管理手段、管理模式、管理理念创新，让城市更聪明一些、更智慧一些，这也是推动城市治理体系和治理能力现代化的必由之路，前景广阔。习近平总书记的重要讲话，为推进城市治理体系和治理能力现代化提供了重要遵循与依据。

全国城市管理执法系统
全力以赴做好新冠肺炎疫情防控工作

● 文 / **摘自《中国建设报》2020.04.01 部宣**

新冠肺炎疫情发生后，全国 60 余万名城市管理执法人员认真贯彻落实习近平总书记关于疫情防控的系列重要讲话精神，按照党中央、国务院部署，在当地党委政府的统一领导下，主动担当，积极作为，全力以赴做好疫情防控各项工作，保障城市稳定运行。

一是积极参与方舱医院等建设。湖北省武汉市城市管理执法部门共有 3400 多名城市管理执法人员参与了方舱医院的建设，承担了物资装卸、搬运、拼装、铺排、移动公厕设置等工作，并承担了方舱医院内部清洁消毒等任务。二是强化城市环境消杀。环卫工人日夜奋战在防控一线，清洗、消杀车辆、公厕、垃圾站、垃圾箱等设施，全面消除积存垃圾和卫生死角。三是切实维护城市秩序。城市管理执法部门承担了各类商务楼宇、商场、餐馆的疫情防控工作的监督检查，认真参与联防联控，承担了社区封控以及高速路口、城市路口的体温测量等各项执勤保障工作。四是积极做好居民生活保障工作。在小区设置“零接触”售菜便民服务点，为群众提供生活必备物资。五是积极助力复产复工。在疫情防控工作中，广大城市管理执法队伍坚守抗击疫情第一线，先后有安徽省淮南市陈在华、江苏省张家港市姚建华、黑龙江省哈尔滨市李剑英等 5 位同志因公殉职，316 位同志因公致伤，城市管理执法队伍在抗击疫情工作中，发挥了特别能吃苦、特别能奉献、特别能战斗的优良作风，树立了良好形象。

住房和城乡建设部通知要求进一步做好城市环境卫生工作

● 文 / 本刊编辑部综合报道

为巩固疫情防控期间城市环卫各项工作成果，保障各地复工复产，弘扬城市环卫精神，推进城市环卫工作健康发展，住房和城乡建设部近日印发通知，要求进一步做好城市环境卫生工作。

通知要求，各级环卫行业主管部门要切实关心关爱一线环卫工作者，继续做好安全防护。适时启动休息调整，督促指导环卫作业单位，加强力量统筹、做好生产调度，采取轮休、补休等方式，保证长期在一线作业的环卫职工得到必要休整。

全力巩固城市环卫疫情防控成果，继续做好清扫保洁和消毒杀菌工作，严格生活垃圾收集运输管理，规范生活垃圾处理设施运行管理，做好公厕运行管理和粪便收运处理。全面推进环卫各项工作，扎实推进生活垃圾分类工作，46个重点城市按既定方案加快建立分类投放、分类收集、分类运输、分类处理系统，积极有序推进厨余垃圾等分类处理设施建设，确保如期完成生活垃圾分类目标任务；扎实推进在建新建项目复工开工，进一步摸排本地区各类环卫设施存在的短板，有针对性加快各类环卫设施建设，细化项目规模、开工时间等内容，配合有关部门多渠道落实建设资金，确保项目及早复工、开工；加强建筑垃圾治理工作，总结推广建筑垃圾治理试点经验，加强建筑垃圾全过程管理，加快建筑垃圾填埋消纳设施建设、建筑垃圾回收和再利用体系建设，推动建筑垃圾资源化利用；持续加大宣传力度，建立健全长效宣传机制，全面展示环卫人风采，开展正面宣传。同时深入分析疫情对环卫行业的影响，明确相关文件、标准规范、操作指南、技术规程的适用范围和时间，研究提出下一步推进环卫工作的建议。

综合执法改革提升抗“疫”战斗力

● 文 / 王振兴　南京市高淳区城市管理局

南京市高淳区认真贯彻落实中央和省市机构改革精神，率先在全省推进综合执法改革，通过组建精简高效的综合执法队伍、建立边界清晰的权责清单、完善集中统一的指挥体系等举措，实现全区“综合执法一队伍”，有力地推进了基层治理体系和治理能力现代化，保障了新冠肺炎疫情防控战中的综合执法战斗力。

吹响防控战“疫”“冲锋号”。综合执法改革有效理顺了全区综合执法工作体系，执法指令下达、信息回馈迅速、高效。新冠病毒肺炎疫情发生后，高淳区第一时间启动疫情防控应急响应，区综合行政执法局充分发挥“一支队伍管执法”的改革优势，及时处置疫情防控突发事件，实行疫情防控每日一研判机制，疫情应急防控响应机制得到全面提升。

下好区镇防控“一盘棋”。为形成联防联控的强大合力，发挥改革后专业执法队伍全面加强的资源优势，疫情发生后，高淳区依托区镇（街）联动、部门协作机制，建立横向到边，纵向到底，全面到位的防控体系，迅速开展疫情成片管控、严格防控。改变了疫情防控执法单靠卫生防疫部门的薄弱局面，体现了综合行政执法在疫情防控中的有力担当。

织密防控执法“一张网”。综合执法改革有效整合全区综合执法队伍，最大限度地提高现有执法力量使用的统筹性、科学性。高淳区以综合行政执法改革为契机，依托社会治理网格化管理，整合区镇（街）专业执法队伍资源，按照“区、镇（街）、村（社区）、组”层级链条，深入一线依法开展防控排查，形成了一张覆盖全域的执法网络。

南京市江北新区建立厕所开放联盟

● 文 / 戴蓓丽 南京市江北新区城市管理局

“小厕所彰显大民生”，近年来，南京市江北新区综合行政执法局认真做好环卫公厕维护和管养工作，严格执行管养标准，持续开展“公厕革命”工作，实现新区公厕硬件及服务提档升级。

江北新区现有城镇公厕 173 座，农村公厕 189 座，但仍无法满足部分区域的居民需求。为了进一步完善环卫设施服务功能，2019 年，新区综合行政执法党工委率先向新区各街道发出倡议，要求逐步建立“厕所开放联盟”，有效利用社会资源缓解市民“如厕难”的问题。“厕所开放联盟”是指依照就近便利、无偿使用、整洁卫生原则，鼓励机关、沿街单位、商场、宾馆、医院、加油站等单位厕所对群众开放。

2020 年，该局认真梳理各街道申报厕所信息，建立了厕所信息数据库，构建了社会厕所“共管共治共享”体系。从首轮统计的约 40 座符合加入“开放联盟”条件的厕所中，择优筛选了 20 座厕所，加入“开放联盟”，更好地为居民提供服务，上述厕所主要隶属机关事业单位（社区便民服务中心、社区卫生服务站），加油站、餐厅宾馆等。

创新管理机制，破解农贸市场治理难题

● 文 / 姚亮 南京市玄武区新街口街道

农贸市场周边以及背街小巷的环境卫生和停车秩序的管理一直是城市治理中的重点和难点，地处南京市核心区域的新街口街道辖区内的进香河农贸市场、红庙街巷存在着卫生状况差、停车秩序乱、店家经营扰民等问题，多年来一直困扰着街道的城管部门。为破解城市治理中的这些难题，街道尝试引进第三方公司对红庙和进香河农贸市场周边进行管理，取得了显著成效，提升了环境品质。

2019 年，街道对环境和基础设施脏乱差的进香河农贸市场周边开展了整治，在采取整修路面、出新店家门头、改造下水管网、清理废旧车辆等措施的基础上，将农贸市场周边环境进行了提档升级。整治结束后，街道借鉴红庙管理外包的模式将农贸市场外围道路的环境及停车管理事务交给第三方，通过采取全天候管理和服务相结合的机制，杜绝了市场周边车辆乱停放的现象，破解了城市治理中管理力量不足、整治矛盾突出的难题。

街道采取管理外包的创新机制不仅为当前遇到的城市治理难题提供了破解思路，也为今后的城管工作带来了思考、提供了经验。

城市治理 志愿者防疫记

文 / 王雨浠

一场来势汹汹的新型冠状病毒肺炎疫情和一次前所未有的举国大动员，让所有中国人度过了一个终生难忘的春节。在这场“战疫”里，我们南京有一抹蓝色一路逆行，冲在最前沿，他们就是我们最美的城市治理志愿者。

面对疫情，城市治理志愿者协会领导高度重视，要求自己城市治理志愿者用我们的服务优势，在防疫期间，冲在防疫战线的第一线。每天，近 2500 名城治志愿者、9000 多名协管志愿者，自防疫以来全部无休，通过“三班倒”形式 24 小时值守在城市需要的岗位上。哪里有需要，哪里就有城市治理“蓝马甲”。

“居民朋友新年好，疫情期间不乱跑

走亲访友往后推，幸福安康最重要

进门洗手多消毒，出门必须戴口罩

家里日日勤通风，医用酒精记得喷

......”

雨花台区板桥街道的多个小区，每天都有城市治理志愿者，拿着小喇叭，在小区里来回巡查，向居民们宣传防疫注意事项。朗朗上口的宣传顺口溜让人印象深刻。雨花台区古雄新居小区，在社区服务站和城市治理志愿者负责人汪长秀女士的号召下，越来越多的党员、志愿者们，积极参与到防疫工作中来。

前有雨花志愿者大妈们走动喊话，后有溧水志愿者程嘉小姐姐无人机高科技隔空喊话——“各位灌篮高手们，疫情期间，请不要在外聚集打球。”“你们现在不需要实际操作，我相信你们的技术！”“回去看看《灌篮高手》，补充一下理论知识！”“这个时候詹姆斯都不出来打球啦！”溧水区分会派出的无人机发现一群年轻人在打篮球，于是硬核喊话将大家劝回。

在这段防控特殊时期，江宁区两省交界线上，我们设立了卡口，每天10余名城市治理志愿者分别在南北两边值守。其中一对90后夫妻，丈夫叫吴智超，妻子陶英是马鞍山博望区夏雪医院的护士长。两人一直在交界线处坚守了十多天，每天都有他们温情的“眼神”问候，他们把“大家”放在了自己“小家”的前面。

栖霞区的城市治理志愿者们在尧化街道工作处的华润幸福里小区成立了一支特殊的队伍，在疫情期间，他们称自己为“代购”志愿者。他们从早上8点开始工作，专门为老年人、残疾人士等代购生活用品和蔬菜，随叫随到。社区居民可以在每栋楼电梯公示栏里看到负责自己楼栋的城市治理志愿者电话，并与他们取得联系。幸福里小区有11栋住宅楼，4500多名住户。上午，小区的梁先生由于需要在家照顾母亲，拨通了志愿者王璐的电话，随后不久，王璐即在社区超市购买了韭黄等蔬菜，为梁先生送货上门。

鼓楼区分会为积极做好疫情防控工作，安排了城市治理志愿者们深入支援各个社区封闭管理区域，助力疫情防控工作。城市治理志愿者的“蓝马甲”帮助协调各方力量守好社区防疫“关卡”，在各社区、小区布控，排查外来人员，同时对小区出入人员车辆进行登记。有确诊患者的小区，他们还需要一家家打电话，摸排接触人员情况，作好记录，防止疫情扩大蔓延。有的小区里出租房较多，在这关键时刻，“蓝马甲”们要不断地确认租户是否到过疫区，最大限度地保证小区居民的安全。

江北新区分会组成“新区党员干部城市治理志愿者突击队”支援街道（社区）一线防疫工作。首批10名志愿者于2月6日奔赴大厂街道，开始了一线防疫工作。但这10名志愿者对于疫况来说还是不够，于是第二批5名“参战”志愿者积极请战，慷慨前行。他们协同街道做好社区防疫的各类登记排查以及小区进出人员测温登记等工作，废寝忘食，为疫情关口前移做了扎实的工作。

疫情肆虐，但挡不住我们志愿者志愿服务的脚步。疫情发生后，全国都在抢物资，抢口罩、抢消毒液……药店里这些物资半小时不到就卖完了。这种情况下，窗口地区新街口管委会的志愿者李小元、董治强、金朝辉等积极联系药房，筹集了部分口罩，他们凭着一个乐于助人的心去做，看似平凡，但在当时

的背景下，却是及时地尽了自己的微薄之力。

2月7日，志愿者李小元、吴宗林、林晨接到任务到金润发搬运双氧水，搬运过程中李小林和吴宗林的手不小心被双氧水溅到了，当时就有刺痛感，烧破了皮。就是这样，我们的志愿者仍然继续完成了任务。事情虽小，但他们不怕困难、迎难而上的精神值得我们学习！

疫情没有结束，我们的志愿服务脚步继续前行，我们不断地向各社会单位宣传疫情防控知识，并现场指导他们做好疫情防治工作。在疫情管控期间，我们将继续发扬传统，保持一颗奉献爱心，做好每一件事。

如果说这些都是前线大家能看见的事情，那么窗口地区五中路分队的志愿者李冠军同志可就是幕后英雄了。2月13日，在家中隔离防疫的李冠军同志接到电话，要求运送500件马甲至前线。在领导说可以安排两个人协同帮助时，李冠军拒绝了，他说：我和我家里人去，这样能减少病毒传播的风险，不给组织和社会添麻烦。第二天，在工作点园区尚未恢复办公、电梯全部停运的情况下，已经60多岁的李冠军同志和其家人，从4楼仓库搬下了整整500件马甲，让一线人员在前线抗疫中能够没有后顾之忧。

这个冬天，寒风萧瑟，“蓝马甲”们凭着一颗颗温暖的心依然坚守在一线岗位，他们每天工作地点就是临时搭建的值守帐篷，不能脱岗漏岗，吃饭都不能离开。他们一直用严谨的态度来面对此次防疫战，一刻都不懈怠！城市治理志愿者队伍秉承着“疫情就是命令、防控就是责任”的信念，奋战在打赢疫情防控阻击战的第一线，昼夜守护群众健康安全，以实际行动践行着“不忘初心、牢记使命”的责任与担当。

这是一场没有硝烟的战争，每一个奋战在抗击一线的人都是英雄！

（作者单位：南京市城市治理志愿者协会）

勇当疫情防控的“急先锋”

文 / **张辉　严文峰**

南京市建邺区城管局面对当前仍在继续中的新型冠状病毒感染疫情毫不畏惧退缩，他们充分发挥基层组织战斗堡垒和党员先锋模范作用，以战时思维、战时状态、战时措施，第一时间投入疫情防控一线，构筑起抵御疫情的严密防线，让党旗高高飘扬在抗疫防疫第一线。

争当疫情防控先锋

履职尽责冲锋在前。面对疫情，该区城管局坚决贯彻习近平总书记关于疫情防控工作的重要指示精神，认真落实上级的各项决策部署，立足工作实际，做到局主要领导亲自抓，分管领导具体抓。全局上下把“冲在疫情防控工作一线”作为检验初心的试金石，把疫情防控工作作为拓展主题教育成果的主战场，坚持“守土有责、守土担责、守土尽责”。

党员干部冲锋在前。在抗击疫情的一线战斗中，党员干部勇当“逆行者”，全体人员提前结束春节假期，义不容辞地赶回工作岗位。他们中，有带病坚持工作，轻伤不下火线的老党员马昌军；有放弃假期，舍下年幼孩子、主动驻守隔离点的于雪峰、雷宇翔；有克服困难，让家人照顾“白血病”女儿的胡炜；有推迟婚礼，和父亲共同上一线的周辛围；还有第一时间，自主捐赠 2000 只 N95 口罩支援武汉的韩鹏程；更有 1200 余名奋斗在一线的环卫工人。他们用坚守与奉献，为市民构筑起了一道道健康安全防线。

担当疫情防控职责

“专业清运消杀”快速行动。为防止防疫期间废弃口罩的“二次污染”，建邺城管在辖区内所有小区和机关单位门口垃圾收集点增设 654 个“废弃口罩专用”垃圾桶，实施一日三次消毒或多次消毒。对存在居家观察（医学隔离）户的小区，设置居家生活垃圾专用收集桶（红色专用桶），安排专人专业处置，由环卫部门用专业密闭压缩车辆，实施直收直运，进行无害化焚烧处理，确保

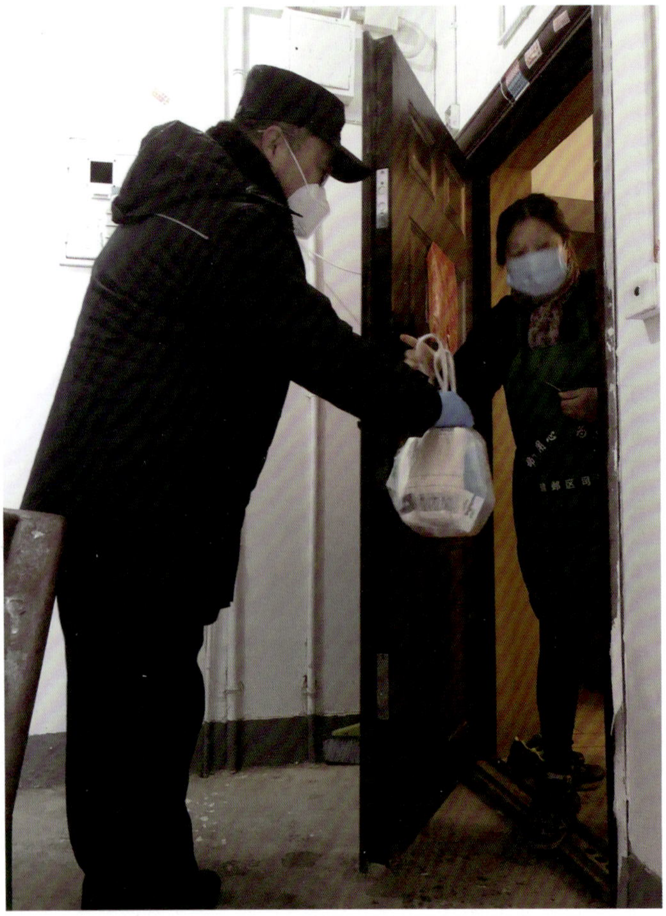

日产日清。疫情防控以来平均每日共出动环卫作业车辆计 80 台次，清运和无害化处理生活垃圾约 60 吨，日均消杀面积 16200 平方米，废弃口罩直收直运及无害化处理日均 31.3 千克，医学留观点生活废弃物直收直运日处置 553 千克。

多方联动协作防疫。各属地街道中队严格按照《南京市新型冠状病毒感染的肺炎防控指挥部通告》《南京市新型冠状病毒感染的肺炎防控工作指挥部关于加强公共场所管理的通告》要求，积极配合并协同市场监管等相关部门做好菜市场及周边活禽交易市场管控工作，依法取缔菜市场外、城市主干道路占道经营与违法销售现象，依法取缔路边活禽交易行为。同时，监督南湖菜场、迎宾菜场周围禽类经营户现场扑杀家禽 600 余只，并监督宰杀群众举报的金基唐城等小区内私自饲养的活禽 59 只。

24 小时网格化巡查。建立日夜两个班组 24 小时网格化巡查制度，巡查重点为严查擅自占道经营的流动摊贩，严防人员集中形成聚集性感染；驱离辖区内占道经营行为，劝导聚集饭店售卖囤积菜品的购买人员。同时加大对临时便民疏导点和背街小巷的巡查力度，确保巡查工作不留死角，不留隐患。

织牢疫情防控网格

线上线下联动防控。疫情防控期间，建邺城管利用城管数字化平台空中巡防辅以路面巡查，依托大队指挥中心信息平台和汽车云台，对辖区内农贸市场、商业广场及违法占道经营易聚集地等重点区域和地段实施严格监控和动态取证；及时调配执法力量进行违法行为查处和相关防疫处理，做到“第一时间发现、第一时间行动”；平均每日处置 30 余起占道经营和 20 余起倚门出摊行为，以“线上 + 线下”的“双网”模式，进一步织密“零误差”的防控网格。

志愿服务温暖人心。由城管队员、社区工作人员组成的志愿者网格员，在各个网格内细化防控措施，管大门、守小门；不仅做好外来和回程人员特殊登记、体温检测及宣传管控工作，还为小区内的高龄老人、残疾人等提供代购跑腿和社区公共设施的消毒防疫等诸多便民利民服务，获得居民纷纷点赞。

严明纪律明察暗访。为及时掌握和监督在岗人员履职尽责和防疫管控情况，建邺区城管局专门抽调力量组成“防控督查队”，开展明察暗访，对防控任务不落实、措施不到位，存在谎报漏报人员疫情信息或重大过错、造成疫情扩散失职行为的单位和个人，一律依法问责追责；对于不执行有关规定、工作不力的人员，一律依法依规调查处理。

（作者单位：南京市建邺区城市管理局）

战“疫”相册里的江宁城管人

文 / **翟晨晨**

照片记录生活，镜头定格瞬间，在这场没有硝烟的战“疫”中，坚毅、担当、奉献、温暖都在一个个镜头下呈现开来，“硬核”江宁城管人为全力保障城市有序运行，全面打好这场防疫阻击战努力着……

镜头一

巾帼不让须眉，防疫一线的巾帼英姿

时间：上午八点

地点：云峰公馆小区

“您好，请您出示身份证。”“您好，麻烦配合我们量个体温。”一顶蓝色帐篷，彩色塑胶布做简单围挡，里面一张桌子、几张椅子，局工会的张梓琪正在值守点和同事们忙碌着，她值守的云峰公馆小区有五百余住户，早晨人员进出较多，逐一登记人员信息，已成为他们最近工作的常态，她说居家隔离的几位住户昨天拜托她买的东西，等会忙完还要给他们挨个送去。

区城管局党委向全局党员干部发出支援泥塘社区防控工作的倡议后，张梓琪毅然报名，她说：“我有时间‘优势’，老公也是城管，正坚守一线，我们刚结婚还没有孩子，比起那些家有孩子要照顾的同事们，我们有更多的时间去服务更多需要我们的人。”

在59名泥塘社区突击队成员中，有8名女城管队员，有区城管执法大队人事教育科科长端木传敏、局综合协调科副科长殷会芳、局监督指挥中心的穆蕴萍、朱敏等，她们巾帼不让须眉，在这场防疫战中，绽放着江宁城管的巾帼英姿。

镜头二

退役不退志，再当战疫先锋兵

时间：下午四点

地点：世纪东山小区

世纪东山小区是江宁区较早出现新型冠状病毒肺炎确诊病例的小区，也是泥塘社区人口最多的小区，因隔离观察的居民较多，小区的驻点防疫值守工作格外严格、繁忙。

区城管执法大队违建管控中队的党支部书记徐巧林带队，配合泥塘社区值守在此，有着十多年军龄的他，面对疫情，主动请战，他说，疫情就是军情，就是命令，军人听到命令就要上战场。今天在小区门口值守的是局监督指挥中心的李洪成和环卫科的林俊，以前在部队，他俩都曾任“参谋”，这次抗疫，两位老参谋再次出山，搭班带组。此时赶上了下班晚高峰，进出小区的居民们都排起队配合联防人员测体温、做登记，他们说：“很多时候，居民人流散的差不多时，已将近晚上七八点钟，才能抽空吃上一口饭。”

区城管局泥塘社区突击队中，有近30名退役军人，他们没有豪言壮语，全身心投入到防控工作中，用实际行动践行了“若有战，召必回，战必胜”的军人誓言，用默默付出诠释了退役军人的勇于担当和赤诚坚守。

镜头三

足迹遍江宁，悉心守护“宁”

时间：上午十一点

地点：横溪街道到谷里街道的路上

局妇联主席、机关第一党支部书记孙琳和第八突击队的队员们刚刚检查完横溪街道的公厕消杀，正在前往谷里街道，准备检查道路两侧及房前屋后可视范围内是否存在暴露垃圾和卫生死角。

在此次疫情防控工作中，为了确保全区环境卫生整治到位，区城管局开展了“践行我初心、守护‘宁’健康”党员志愿突击行动，组建10个党员志愿突击队，采取每日现场指导、不见面方式检查、网络办公（建立微信群、QQ群）的工作方式，分别下沉到全区10个街道（含开发园区等功能板块），检查指导包括江宁主城区在内的10个街道3大园区城管执法、环境整治、垃圾清运、设施消杀、人员防护等工作开展情况。

孙琳带领的第八突击队被分到较远的江宁

街道、横溪街道、谷里街道和江宁滨江开发区，一天跑遍三个街道和一个园区，需要更多的精力。为了能挤出时间，她要求队员们每天早一点出发，晚一点回来，拉网式巡查，不放过每一处可能存在的隐患。几天下来，共发现各类环境卫生和执法类问题114处，及时通知相关单位，已全部整改到位。

镜头四

冬日里的温暖

时间：中午十二点

地点：上善居小区

“来来来，吃水果，吃水果，你们天天值守在小区门口，要多补充点维生素和水分，我这个橙子最好了，快来快来！”陶唐保正在招呼着小区值守点内的城管队员、社区工作者、志愿者、保安们，他是上善居小区的业主，这些天，值守点内所有人的辛苦和付出，他都看在眼里、记在心上，他说：“我是做水果生意的，送点水果给他们吃，是我的小小心意。”

这些天，简陋的值守点变成了温馨的家，小区居民端来热腾腾的饭菜，热心市民送来的水果、牛奶，还有围巾、暖宝宝等保暖神器，甚至是口罩、防护服等紧缺物资，一幕幕暖心画面不断上演。值守的城管队员说：“雪中送炭比什么都珍贵！”是的，有一座城，叫做众志成城；有一颗心，叫做万众一心。每一件爱心慰问品，每一句感谢都包含了大家对疫情防控工作的坚定支持，这是一场全民战“疫”，大家同心协力，一定战无不胜、攻无不克。

（作者单位：南京市江宁区城市管理局）

摊贩老王的六幕

文 / 杨钦云

第一幕

“我摆点儿小摊容易么，家里好几口人，就指着我养活了，我还是个残疾人，快，来看看我的残疾证，我都这么困难了你们还来欺负我！”一个老人（老王）瘫坐在地上，对着执法队员一直嚷嚷。

“我们理解您的难处，但是占道经营不仅影响市民的通行，还违反法律法规，这样的行为肯定是不行的，您看这样行吧，这次呢，我们对您进行批评教育，您赶快把东西收一收，后面如果再发现您占道经营，就要对您进行行政处罚了！”执法的小伙子很有耐心，跟老王好好交流，把他劝了回去。

第二幕

第二天，执法队员在巡查时，发现老王又在摆摊，执法队员（亮证）：“老师傅，你怎么又出来摆摊啦，我们昨天才对你教育批评的。”老王：“我要过日子啊，我不出来卖点东西，难道靠你们养活吗，你们还讲不讲理了？”周围的群众：“就是啊，人家老师傅也不容易，给人家摆一会怎么了？”

执法队员：“对不起，您占道经营的行为影响了市民出行，同时违反了《江苏省城市市容和环境卫生管理条例》的相关规定，由于经过批评教育你还是不进行改正，按照规定我们需要对您的经营物品进行暂扣。”老王默不作声，看着执法队员把东西收走。

第三幕

“我摆点儿小摊容易么，家里好几口人，就指着我养活了，我还是个残疾人，快，来看看我的残疾证，我都这么困难了你们还来欺负我，赶紧把收掉的东西还给我，要不我就坐在这门口不走了，后面我天天都到你这来闹！”老王跟着执法队员来到了大队的案件处理中心，堵在中心的门口，拦着执法队员不让他们走。

“老师傅，我们已经跟您重复了很多遍了，您的行为是违规的，我们暂扣您的东西，也只是想要纠正您的行为，并不是没收，作为后面处罚的依据。”

“你们还要处罚我？我哪有钱给你们处罚，我不管你们什么违规不违规的，今天不把东西给我，我就不走了”老王坐在地上就是不起来。

“老师傅，地上凉，你这样坐在这也不是办法，受凉了可就不好了，这样把，您写个保证书，保证以后不占道经营。我们这次……”

“写什么保证书啊，不就是想罚我钱吗，我给你们还不行。”执法队员还没说完，老王就打断了他，往地上丢了50块钱，抢了执法队员放在一边的秤就跑了。执法队员拿起50块钱追也没追上。

第四幕

翌日，执法队员在路上又看到老王在摆摊，老王看到执法队员过来，立马拿着水果刀站了起来，对着自己的手腕就是一顿比画：“又来欺负我，你们是不是不想让我活了，信不信我马上割腕给你们看！”队员们互相看了一眼，无奈跟老王讲：“老师傅，您误会了，我们是来还您钱的，先不要激动，我们好好说话。”说完就递上了昨天老王丢下的50块钱，老王嘴嗫嚅了几下，最终还是把刀子放了下来，队员说：“老师傅，先把东西收收吧，有什么困难都可以跟我们好好讲。”

第五幕

老王带着执法队员到了他住的地下室里：“儿子不孝顺，在外面欠了很多钱，家里房子车子都卖光了，我只能住在这破破烂烂的地下室里，每天连一点阳光都看不到，又潮又阴冷，我也知道你们工作不容易，也想支持你们工作，但我是真的没办法了。”

“我们来帮您想办法！”

第六幕

执法队员带着一袋水果，兴冲冲地来到了老王住的地下室：“王师傅，王师傅，好消息啊，我们帮您申请的街道早餐点已经批下来了，给您带点水果，祝贺您开业大吉，不过丑话讲在前面哦，要按照规范摆摊啊，不然，我们还是会查处你的。”老王不好意思地笑了笑。

老王充满干劲地做着煎饼，画面扫过旁边干净整洁的道路，最后定格在老王幸福的笑容中。

（作者单位：南京市浦口区城市管理局）

你守护好祖国和人民 我守护好我们的“家”！

“妈妈，爸爸怎么还不回来啊？”三岁的小航睿问妈妈。

“因为爸爸要在武汉守护好祖国和人民呀……”看着三岁儿子天真的脸颊，林慧突然哽咽了，“等我们的小航睿午觉睡醒了，爸爸就回来看你了！”此时林慧的心情是复杂的，其实她也不知道远在武汉的丈夫什么时候能够回家。

林慧是新区总队综合科的一名执法队员，她的丈夫是驻扎在湖北武汉的一名现役军人，因为爱人肩负战备值班的重任，自己工作又很繁忙，夫妻俩已有半年多时间没有见面了。2020 年的春节假期本是这家人难得的欢聚时刻，春节前一个月，俩人就着手准备春节假期的出行安排，孩子也开心地嚷嚷着终于要见到爸爸了。沉浸在新春喜悦和幸福期待中的她，却不知这美好的一切会被一场突如其来的疫情打破……

“目前疫情形势严峻，我走不开了，单位里还有任务，你们娘俩在家要好好照顾自己……”看着丈夫给她发来的短信，林慧拿着手机愣了半天，对于丈夫为了工作而无数次的“爽约”，本应习惯的她，眼泪还是不争气地流了下来，除了有不能团聚的失落，更多的是无尽的担忧。可作为一名军人家属，她必须坚强起来，因为她知道此时丈夫更需要她的理解与支持。“你安心工作，家里就交给我，你放心吧！还有，你在那边一定要照顾好自己，我要你好好的！”当得知无法和丈夫团聚后，她又主动和家在外地的同事换班，让他们可以回家安心过个团圆年。

这场突如其来的疫情以惊人的速度开始在武汉蔓延，并开始辐射全国。在接到单位疫情值守通知后，她也有一刹那间的犹豫，因为她不知道这一值班什么时候才能结束，家里年幼的孩子还需要照顾。但作为一名共产党员，一名执法队员，她深知抗击疫情是她的责任和义务。在这紧要关头，她要和同事们一起坚守在抗疫战场上。在把年幼的孩子交给身体本就不是很健康的母亲照顾后，她便义无反顾地投入到疫情防控工作中去了。

疫情防控工作开展以来，她便再也没休息过一天，她把对丈夫、对孩子的牵挂化为工作动力，全身心地投入其中。作为总队宣传干事，林慧在疫情期间更是一刻不敢歇，为了记录好疫情防控一线执法队员们的“逆行”故事，鼓舞士气，传播正能量，她经常和同事们一起加班加点收集、整理、上报在疫情防控一线的宣传信息。在她的工作作息时间里没有“下班时限”，从整理编辑到核对修改，再到最后的审核发布，她常常在电脑前一坐就是好几个小时，回家时已是深夜。自疫情防控工作开展以来，林慧和同事们一起共发布宣传报道 166 篇次，推送微信公众号推文 8 篇，发布《防疫前线》专报 11 期。儿子抱怨妈妈总是和电脑做好朋友，每每听到这些，林慧心里五味杂陈，但是和在一线的战士们相比，自己加点班、少陪点孩子那又算得了什么？

“疫情结束后最想做什么？”成了最近热门话题。林慧说，待到击退疫情，春暖花开，祖国大街小巷恢复往日繁荣之时，她会带着孩子去武汉和思念已久的爱人相聚，去武汉和最爱的人一起看樱花……

（供稿单位：南京市江北新区城市管理局）

弯弓征战作男儿，梦里曾经与画眉
——疫情防控一线的女城管左杨莉

岁末年初，一场来势汹涌的新型冠状病毒疫情席卷全国，一场关系人民群众生命健康的疫情防控战正在如火如荼地进行。疫情防控形势日趋严峻，一场没有硝烟的疫情攻坚战正在全面打响。

面对凶猛的疫情，她们不惧艰险、义无反顾、逆向而行，冲在抗击“新型冠状病毒感染疫情”的前线，展现城管巾帼的风采；她们舍小家为大家，站上岗位，用担当和奉献保卫人民群众的生命安全，她们是“最美的逆行者”。鼓楼区城市管理综合行政执法大队湖南路中队左杨莉同志就是其中的一员。

疫情就是命令，防控就是责任！1月24日，江苏省启动突发公共卫生事件一级响应时，她就主动请缨，积极参与到南秀新村社区疫情防控工作中去。从大年初三开始，作为两个孩子的母亲，她已在疫情防控一线开始值班站岗。早上8点，身穿制服，佩戴好口罩的左杨莉就来到湖南路街道南秀新村社区南秀路路口，配合社区工作人员对进出小区的人员进行体温检测，发放出门条以及做好进出人员的信息登记工作。

社区工作看似简单，实际却是基层疫情防控的“铺路石”。湖南路街道南秀新村社区，南秀路周边多数是无物管的老旧小区，住了近千户居民，居民居住密度比较大，小区又临近商业街，人员结构复杂，租户众多，因此每天进出的人也非常多，尤其是开、复工之后，人流量明显增加。左杨莉说，我们要做到的就是无论何种情况每个人都不能遗漏，都要按要求进行测体温、登记，我们做好‘守门员’，就是守住社区居民的健康和幸福。

“您好，请出示一下您的出入证”“您好，请您配合我们测量体温”“您好，您是今天回来的吧？”“那请您扫一下‘宁归来’二维码，填一下详细的信息，这几天先不要出门，在家观察14天，有情况及时联系我们。”这样类似的对话左杨莉每天要重复很多次。我们的工作做得越细致，对社区居民来讲就越安全，希望把疫情挡在防线之外，她这样说道。

左杨莉同志不仅是一名城管执法干部，同时她还是民革鼓楼总支的一名民革党员，作为鼓楼区民革总支的宣传委员，在站好社区岗的同时，又要汇总总支下属的各个支部在抗击疫情中上报的各种好人好事，每天下班回到家中后，不顾一天工作的辛劳，整理素材、挑选照片、撰写稿件，上报民革南京市委会。

作为城管双职工，在疫情防控面前，她和爱人分别在鼓楼区不同的社区一线站岗执勤。两个孩子，老大13岁正在读初二，正是成长的关键时期；老二才3岁不到，也正是需要陪伴的时刻。这段时间，两个人每天都是早出晚归，很少能和孩子在一起，有时候连见一面都变成了一件奢侈的事情。两个孩子只能交给父母照顾。陪伴孩子的时间很少，两人都很愧疚，但是疫情当前，坚守是最有力量的回答。疫情不退、我们不退。

“弯弓征战作男儿，梦里曾经与画眉。”默默奉献的女城管队员，虽然没有铠甲，但面对疫情她们丝毫没有退却；她们始终默默坚守在疫情防控第一线，从清晨到夜间，从街头到社区，在这场没有硝烟的战争中，用她们的实际行动为打赢疫情防控阻击战贡献巾帼力量。抗疫的路上，这样的普通人还有很多。他们既是父母的孩子、孩子的父母、配偶的爱人，也是抗疫的战士。正是因为有她们在，我们才能放心地守在一座城市里……

（供稿单位：南京市鼓楼区城市管理局）

“环卫闺蜜”用重复的片段 守住离别前的最后一班岗

文 / **王楠**

2月的最后一天，细雨朦胧，乍暖还寒。今天，让我们深入环卫一线，一起分享南京洁城环境工程有限公司两位临近退休女职工的温情剪影。

偶遇

复兴路滨河南苑小区门前的人行道上，路边的野草瞅准了机会，赶在暖春之前争先恐后地从石板缝里挤了出来。此时，洁城公司业务北队队长张金凤和北队管理员王晓惠在保洁巡查的途中再次“相逢”，她们年龄相仿，经历相似：十年前，先后进了公司，又是同一个部门的同事，无须过多的客套和交流，多年的共处，早已让她们形成了默契：天气很快就会转暖，杂草一夜之间就会长高长密，到时不但会阻碍行人出行，清除起来也会更加费时费力，雨天人少，现在正是清除杂草的好时机。

电话

园林西路西延线的路边上，正骑着电动车巡查的王晓惠突然停下了车子，“老潘啊，这里的积水太多了，要推一推”，等保洁员潘志刚处理完积水，王晓惠又立马骑上车子往东边去了。

“老王啊，这里有个纸袋子”，城建广场园门巷里，王晓惠指着绿化带里的一小片垃圾大声喊着，那片垃圾半掩在枯叶下，不注意的话很难发现。在保洁员王春兰应声而来的当口，王晓惠的工作电话又一次应景般地响了起来，她说，这样的电话一天要接十几二十个，保洁电动车坏在路上要修理、垃圾桶破损要更换、雨天窨井堵塞要清掏、市民乱扔的旧家具要联系清拖……无论大事小事，道路保洁员总是第一时间打电话给她，而王晓惠也能担得起这份信任，处理起这些细琐杂事从不含糊。

叮咛

长江路西延线上，保洁员张立兰一边抬着梧桐树下的隔离网，一边用扫帚清掏树桩下的果皮，略显吃力。巡查中的张金凤立马停了下来，二话不说就撸起了袖子，连手套都来不及戴就赶紧上前帮忙，瞅着这个空当，张金凤还没忘叮嘱她：“这些边边角角的地方平时要多看看，口罩一定要戴好，注意安全，不要走反道”。

北大街陆合里排档门口，保洁员李

发仙骑着保洁车上门收运垃圾，店员拎着一壶废油正准备往车里倒，张金凤立刻冲上去，一把拉住了店员的袖子："这个油不能倒在车里，这边有个桶是专门倒油的"，一边说，一边指着垃圾车角落里的一个大铁桶："这个属于餐厨垃圾，要送到厨余中转站统一处理。"

不舍

学西路人行道上正在除草的保洁员邱明月看到王晓惠来了，暂时停下了手中的活儿："我们老工人真舍不得你们走，你们人真好 ......"

几年前，邱明月的爱人因车祸留下了病根，干不了重活，靠骑车送猪肉赚取生活费，邱明月自己也因为车祸腿部受过伤，这位朴实羸弱的大姐在生活最困难的时候常常连早饭都舍不得吃，这一幕被张金凤记在了心上，每次文明城市检查，她总是把公司派发给自己的那一份面包悄悄地塞在邱明月的手上；公司不时会接到突击保洁任务，每逢人手不够需要加班时，王晓惠也总是把这个"机会"优先留给她……

张金凤、王晓惠每天和保洁员奋战在环卫一线，关心关爱同事早已成了她们工作的一部分，面对朝夕相处的同事，她们又何尝舍得呢？

我们脚下无数次走过的平常路，这一刻，竟是如此的纤尘不染。光华如梭，是她们将一片片环卫责任的剪影洒落在城市的每一个角落。

国外停车管理经验借鉴

文 / 王诗瑶

随着全球经济的不断发展和人们生活水平的不断提升，全世界的汽车产业也在被不断地推进，驾车已经成为世界各国人民普遍的出行方式，但随之而来的停车难的问题也在随时拷问着人们。那么，各国面对“停车难”，又有怎样的解决方案呢？

日本：购车自备停车位，以驻车换乘的方式出行

面对公共停车场空间资源匮乏问题，日本很早就开启了依法建设与治理进程，不仅制定了停车场法和车库法等静态交通法律，严格治理停车场秩序，同时还出台了一系列措施疏导停车难问题。

日本人多地少，公共道路大多十分狭窄，难以通车，因此日本通过立法，要求每辆上牌汽车都要配备一个停车位，以限制汽车总量。居民在买车时必须要提供固定车位的证明，这种固定车位可以是自有的，也可以是长期租用的，否则将无法给新车上牌照。

在东京、大阪、名古屋等特大城市，虽然面积狭小、人口密度极高，但是公共停车位供给充分，地下停车、地上高层塔库式立体停车场等形式多种多样，停车业已经成长为成熟的静态交通产业，这有效提高了城市寸土寸金的土地利用效率。同时，日本大力发展准时舒适的公共交通，提高公共交通出行率，人们大多愿意采用驻车换乘的出行方式，即车站附近建有停车场，人们把车从郊外的住宅开到轨道交通车站停车场停放，换乘公共轨道交通进城上班，这种通勤方式被日本拿来解决停车空间不足问题，缓解了市区停车位紧张的问题。

新加坡：建造全自动化停车场

新加坡寸土寸金，停车位紧缺，为缓解停车难的问题，2008 年 2 月，新加坡陆路交通管理局建造启用了一个全自动化停车场，该停车场共建有四层楼高，设有 140 个停车位，还专门为残疾人士设有两个车位。停车的方式也十分的简单便捷，驾车者只需把车子停放在入口处的大电梯内，然后走出电梯启动停车程序，在附有触控功能的荧屏（Touch Screen）上，输入 4 个号码的个人密码，之后系统就会自动寻找空置的停车位，再由输送台把车子移到电脑所分配的位子上。要取回车子，车主只需在等候室的触屏上输入个人密码，系统就会自动找出车子，并通知车主应到哪部电梯取车。这个全自动化的停车系统很可靠，驾车者取错车的概率很低，并且停车场内还安排了管理员 24 小时驻守，既可帮助车主更容易地找到自己的汽车，也有助于对停车场进行更有效的管理。

在停车法规建设上，西方国家由于经济与汽车化水平较高，城市停车问题

塔库式立体停车场

出现较早，城市停车管理也起步较早。目前已基本形成了较为完善的停车场法规体系和相对独立的管理体系。

法国：老宅区开发林道，中心区减少路面停车位

在法国有很多的老房子，而这些老房子周围是不具备停车场的，在法国巴黎，对于那些居住在不具备停车场的老宅居民，政府会将老宅周围的林道开发出来，供他们停车，那些居民只要去政府申请一个停车位，每月交上几欧元就可以将车停在开发出来的林道上了。

但是巴黎作为国际大都市，在巴黎的市中心，停车也十分不容易，市中心的停车场分两种：室内停车场和室外停车场，市内停车场的车位小且收费昂贵，不适合大一点的汽车或长时间停放，但室外停车场车位十分紧张。据了解，法国政府有意通过减少市中心路面停车位的方式，鼓励人们使用公共交通工具前往巴黎市中心。

比利时：

比利时所有的大中城市的中心地带，除了设有专门的室内或地下停车场外，路边还划有专门的收费停车带，但一次最多只可投币泊车 2 至 3 小时，以

此来限制车辆在市中心长时间的停留。此外，如遇居民、公司搬家、房屋维修施工等，市政部门会规定好日期和具体的时间，提前将禁止停泊的牌子立于限定的区域；而大型临时活动、集会都会有专门的临时停车场地和管理措施。

在居住环境比较宽松的区域，由于一个家庭可能拥有两辆以上的汽车，对此当地市政机构会联合交通管理部门，为居民在门前或屋后划定免费的固定停车位。在不具备固定停车地点的居民住宅区，允许当地居民在道路两旁停车，由各区政府向居民发放免费停车卡，尽量保证居民停车方便。除周六和周日外，没有停车卡的车辆最多可停 2 小时，车上必须放置可以转动指示时间的计时卡，而超时会有巡查人员开出罚款单。

美国：中心区域停车昂贵，停车监管严格

人们常说，美国是一个生活在车轮上的国家，汽车的拥有量和消费量都是世界之最。据统计，美国一个家庭至少配有 2 ~ 4 辆车，但在有摩天大楼的城市，就会有堵车和停车难的问题。因此，停车在美国已经成型，并成为利润丰厚的重要行业。根据美国国际停车机构的保守估计，各种工商业的停车场，特别是市中心商业停车场，每年营业额约 200 亿到 300 亿美元，如纽约曼哈顿的一个停车场，停车费用约为 7.6 美元每半小时。可见在美国的闹市区，开车是需要很大代价的，停车的费用也是十分昂贵的。

美国的基础设施比较完善，国民拥有汽车的数量并不会受到是否拥有停车位的限制，除纽约、旧金山等大城市停车困难外，大部分地区停车都十分方便。但是美国对停车的监管也很严格，凡是在居住、工作或就学区域都会发停车证，如果无证停车就会面临罚款。另外，在工作区域的路边通常会放有停车提示，上面规定了允许停车的时间、缴费时间，不允许在居民住宅门口或消防栓前等地方停车，违规者轻则被开罚单，重则被执法机构拖车处罚。

由此可见，全球各国的大中城市都存在着停车难的问题，而汽车拥有者上牌照必须提供汽车保管场所的证明文件，自备车位必须在指定范围等要求也都是各国普遍采取的措施。目前汽车的数量仍在日益增长，因此，除了要靠政府综合部门宏观协调城市停车场的规划建设，驾车者们也要遵守停车制度，并且增加“减少驾车出行，用公共交通代替自驾车”的意识，才能更好地解决停车难的问题。

（作者单位：南京市城市管理宣教中心）

打赢疫情防控阻击战
——写给溧水城管全体工作人员

文 / 方述怀

疫魔无情，肆虐神州
人间大爱，众志降魔克难关
我是老职工 老党员，我先上
我是新队员 新党员，我先上
我先上，我也上，我们一起上
你看，三千溧水城管人严阵以待
你听，防疫阻击战的号角已吹响
战鼓擂动，城管铁军奋勇当先
奔赴全区防疫阵地，筑起战斗堡垒

抗击疫魔，城管铁军无所畏惧
个个挺起胸膛，把拳头攥得咯咯响
布下天罗地网，让魔鬼无处藏匿
守关员 巡查员 检查员，肩担重任
垃圾中转站、清运车，彻底消杀
活禽交易、流动摊贩，实时监管
路口卡点，24 小时严防死守
溧水城管人直面危险，守护城市
风雨兼程伴着铮铮铁骨，筑起防守坚城

面对这场持久战，城管人枕戈达旦
晨曦微露，带着父母的殷殷嘱托
挥别依依不舍的妻儿，踏上征程
暂时舍下牵肠挂肚的小家，守护大家
夜色阑珊，城市已经酣然入睡
黑暗中依然驻守着一抹抹暖色
路口卡点，那一抹城管蓝驱赶了黑暗
街头巷尾，那一抹橘色温暖了严冬
他们抹去汗水，忐忑的心暂时放下
城市晚安，平安一天又即将登场

这场抗疫驱魔之战，鏖战正酣
溧水城管人全力以赴，共克时艰
他们懂得城管蓝的初心使命
与天空一样的通透，驱散阴霾
他们懂得橘色的责任担当
与阳光一样的闪耀，重迎光明
这场疫魔防控阻击战，志在必胜
溧水城管人，一直在路上

（作者单位：南京市溧水区城市管理局）

给你们

文 / 杨飞

春雪已来临，
但严寒未散。
黑夜太漫长，
白天也没了艳阳。
冲锋的号角，
呜呜呜吹响。
体温计是你们的枪，
制服是你们的铠甲，
群众需要的地方，
就是你们的战场。
让病毒无处遁形，
让隐患无处躲藏。

夜色里，
寒潮中，
灰白的口罩下，
何曾不是一张张年轻的面庞？
坚定的背影后，
何曾不是别人心中的牵挂？
你们走遍大街小巷，
从公厕到垃圾站，
从住宅小区到农贸市场，
何处没有你们的身影？
何处没有牡丹绽放？
你们本想做无名的志愿者，
但群众记住了你的名字，
你叫城管战士。
你们本想做甘愿奉献服务员，
但群众的慰劳，
已把你深深表扬。
因为有你们，
冰雪会在满腔热血中融化，
病毒必被如磐的决心击垮。
因为有你们，
我们坚信，
寒冬过后，必将春光融融。
疫情过后，必是盛世冉冉。

（作者单位：江宁区城市管理综合行政执法大队环卫中队）

四季的轮回 不变的守候

文 / **戴晓曦**

初春的清晨，山清水秀的乡间小路，伴随着还未散尽的年味
恋恋不舍，背起行囊
这里的城市已然苏醒
正等着我们为她梳妆
幽暗漫长的路灯下
我们化作早春的精灵
挥舞着魔法的扫帚
给新年献上一片崭新的气象

夏日的午后，烈日炎炎的大街小巷，耳边是发动机沉重的轰鸣
酷暑难当，汗水淋漓
高温的天气猝不及防
洒水降温刻不容缓
金色耀眼的光芒下
我们变身盛夏的使者
肩负着神圣的使命
为马路送去一份舒心的清凉

秋季的傍晚，清幽静寂的林荫小道，脚边是满地飘零的落叶
默默无闻，一丝不苟
初秋的红叶热情似火
我们却无心欣赏
金秋十月的道路上
我们就是市民的忠仆
贴心去除所有障碍
为城市还原一片美丽的风景

寒冬的深夜，大雪纷飞的宽阔马路，头顶是一层厚厚的雪花
白雪皑皑，数九寒天
出行的路途被冰雪阻隔
扫雪铲冰一马当先
漫天飞雪的世界里
我们化身橘色的灯影
摇动着笨重的铁锹
照亮了人们早起的道路

年复一年，日复一日
四季轮回，花落花开
艰难困苦，初心不忘
牢记使命，砥砺前行
一人脏换来万人洁
辛苦我一人，洁净千万家
我们是美容师
我们也是这个城市最美的人

作者单位：南京博润城市环境工程有限公司人力资源部 ）

《沁园春·城管战“疫”》

文 / 王良胤

三月清晨，暖春将至，奥体东门。
着制服，穿皮鞋；礼帽下，目有神。
南京城管，意气风发，气势震石城。
迎春暖花开，盼战“疫”胜利，守云开见月明。

忘却辛苦委屈，
视个人荣辱如微尘。
为城市奉献，无怨无悔；巡查“九小”，义不容辞。
理性城管，文明执法，心系城市万千人。
战疫情，守家园，迎胜利曙光。

（作者单位：南京市建邺区城市管理综合行政执法大队）